KB203635

조성욱의 시편 여행

조성욱의

시편 여행

홍성사

일러두기

• 본문의 성경 구절은 개역개정을 사용했습니다.

　　스코틀랜드의 호숫가 작은 교회에서 주일 예배를 드릴
때였습니다. 설교하시던 멜콤 목사님께서 설교 중 거울을
보여 주셨습니다.

　　그리스도인에게 성경은 거울과 같아서 우리는 늘
성경에 비친 자신을 바로 보고, 말씀을 따라가는 여정을
멈추지 말아야 합니다.

　　시편을 묵상하는 것은 길고 긴 여행과 같습니다.
하나님 사랑으로 시작한 이 여정《시편으로 고백하는 하나님 사랑》은
산책《조성욱의 시편 산책》을 지나 묵상《조성욱의 시편 묵상》을 넘어
지금에 접어들었습니다.

　　여행자가 갖추어야 할 준비물이 있습니다.

　　첫째, 가이드입니다. 가이드를 잘못 만나면 여행을
그르칠지도 모릅니다.

　　둘째, 설렘입니다. 설렘 없는 여행은 후회를 낳기도
합니다.

셋째, 동행자입니다. 누군가와 함께할 때 여행의
행복감은 배가 됩니다.

네 번째 시편 여행에 여러분을 초대합니다.
자 출발!

목동에서

작은 종 조성욱 올림

차례

머리말

지난 15년, 시편에 관한 책 세 권을 집필하는 시간은
하나님의 크고 놀라우신 사랑을 경험하는 시간이었다.
하나님 나라라는 목적지가 멀지 않은 것만 같다. 몇 개의
험산 준령만 넘어서면 그리운 하나님의 나라가 보이련만,
험산 준령을 넘는 것이 쉽지 않아 보임은 어찌 된
일인가?

이번 책은 시편 107편부터 119편까지를 묶었다.
시편 107편은 시편 제5권의 시작점이다. 감사 시인
시편 107편 뒤로 할렐루야 시가 나오고(시편 108-109, 111-
113, 115-117), 여러 주제를 다루는 시편과(시편 110, 114) 무려
176절이라는 장편 시로 토라를 다양한 각도로 해석하는
시편 119편도 있다. 감사로 시작해서 토라를 집대성한
시편으로 들어가 보자.

산더미처럼 쌓인 숙제
넘어야 할 고개를 앞에 두고
주님 앞에 엎드려
다함없으신 은총을 간구한다

사랑의 하나님
시편 순례자에게 자비를 베푸소서

저 멀리 보이는 나의 시온성
오 거룩한 곳 아버지 집
내 사모하는 집에 가고자 한밤을 세웠네

저 망망한 바다 위 이 몸 상할지라도
오늘은 이곳 내일은 저곳
주 복음 전하리

여호와께
감사하라

여호와께 감사하라 그는 선하시며 그 인자하심이 영원함이로다

여호와께 감사하라(הֹדוּ לַיהוָה 호두 레아도나이)

그는 선하시며 그 인자하심이 영원함이로다

(כִּי־טוֹב כִּי לְעוֹלָם חַסְדּוֹ 키 톱 키 레올람 하쓰도)

시편에서 감사 시는 모두 네 편이다(107, 118, 136, 138). 감사 시가 광야에서 지어졌다는 것은 놀라울 따름이다. 광야가 의미하는 것은 무엇일까?

거주할 곳 없는 나그네의 삶,

환난과 곤고함을 벗 삼아야 하는 땅,

흑암과 사망의 그늘,

주리고 목마른 식탁,

굽은 길만 있어 향방을 가늠할 수 없는 미지의 세계….

이러한 광야 시절을 회상하면서 하나님께서 베풀어
주신 구원을 찬송하는 시가 시편 107편이다.

하나님은 선하신 분이다(טוב 톱)

여호와께 감사하라 그는 선하시며(1절)

중세 랍비 라쉬(랍비 슐로모 이쯔하키)는 1절을 이렇게
해석한다.

"하나님은 구원의 하나님이시다. 광야에서 길을 잃고
헤맬 때 그의 백성들에게 거처가 되어 주셨고 배고플
때 하늘 만나와 지상의 메추라기로 먹이셨으며 목말라
괴로워할 때 반석에서 샘이 솟게 하셔서 마시게 하셨다."

그의 자비와 놀라운 이적들(חַסְדּוֹ וְנִפְלְאוֹתָיו 하쓰도
배니플레옷타브)

그 인자하심이 영원함이로다(לְעוֹלָם חַסְדּוֹ 레올람 하쓰도)

시인은 하나님을 구원의 하나님(גְּאוּלֵי יְהוָה 게울레이
아도나이)이라 부른다. 시인은 지나온 광야뿐 아니라 오늘의
시온, 약속의 땅에서 하나님의 돌보심이 계속되고 있음에
감사하고 있다.

주권자이신 하나님

여호와께서는 강이 변하여 광야가 되게 하시며 샘이 변하여
마른 땅이 되게 하시며 그 주민의 악으로 말미암아 옥토가
변하여 염전이 되게 하시며 또 광야가 변하여 못이 되게
하시며 마른 땅이 변하여 샘물이 되게 하시고 주린 자들로
거기에서 살게 하사 그들이 거주할 성읍을 준비하게
하시고 밭에 파종하며 포도원을 재배하여 풍성한 소출을
거두게 하시며 또 복을 주사 그들이 크게 번성하게 하시고
그의 가축이 감소하지 아니하게 하실지라도 다시 압박과
재난과 우환을 통하여 그들의 수를 줄이시며 낮추시는도다
여호와께서 고관들에게는 능욕을 쏟아 부으시고 길 없는
황야에서 유리하게 하시나 궁핍한 자는 그의 고통으로부터
건져 주시고 그의 가족을 양 떼 같이 지켜 주시나니(33-41절)

이 말씀을 통해 우리를 채우시고, 우리에게 베푸시는 하나님을 알 수가 있다. 하나님은 우리를 어떻게 지켜 주는 분이실까?

첫째, 기적을 베풀어 주시는 분이시다.

여호와의 인자하심과 인생에게 행하신 기적으로 말미암아 그를 찬송할지로다(15, 21, 31절)

둘째, 좋은 것을 채워 주시는 분이시다.

그가 사모하는 영혼에게 만족을 주시며 주린 영혼에게 좋은 것으로 채워주심이로다(9절)

셋째, 고쳐 주시는 분이시다.

그가 그의 말씀을 보내어 그들을 고치시고 위험한 지경에서 건지시는도다(20절)

넷째, 인도하시는 분이시다.

그들이 평온함으로 말미암아 기뻐하는 중에 여호와께서
그들이 바라는 항구로 인도하시는도다(30절)

기적의 주인공

하나님은 그의 손에 붙들린 사람들을 기적의 주인공이
되게 하신다. 하나님의 손에 붙들린 사람들은 어떤
사람들일까?

첫째, 정직한 자(ישׁרים 예샤림)이다.

정직한 자는 보고 기뻐하며 모든 사악한 자는 자기 입을
봉하리로다(42절)

둘째, 지혜자(חכם 하캄)이다.

지혜 있는 자들은 이러한 일들을 지켜보고 여호와의
인자하심을 깨달으리로다(43절)

셋째, 하나님을 사모하는 사람들이다.

사모하는 영혼에게 만족을 주시며 주린 영혼에게 좋은 것으로

채워 주심이로다(9절)

선하신 하나님, 주권자 되시는 하나님, 아낌없이
베푸시는 하나님은 참 좋으신 나의 하나님이시다. 참
좋으신 주님으로 인해 자유와 평화, 번영을 누리며
살아간다. 이 얼마나 감사한 일인가?

마음 다해 여호와를
찬양하리로다

시편 108편

하나님이여 내 마음을 정하였사오니 내가 노래하며
나의 마음을 다하여 찬양하리로다

내가 새벽을 깨우리로다(2절)

'새벽을 깨운다'(אעירה שחר 아이라 샤하르)는 것은 동이 트기 전 일어나는 것이다. 그래서 랍비 라쉬는 이 구절을 '밤중에 일어난다'로 해석하기도 한다.

새벽을 깨우는 사람들
성경의 인물들은 새벽을 깨우는 사람들이었다.

아브라함이 아침에 일찍이 일어나 나귀에 안장을 지우고
두 종과 그의 아들 이삭을 데리고 번제에 쓸 나무를
쪼개어 가지고 떠나 하나님이 자기에게 일러 주신 곳으로
가더니 (창 22:3)

아침에 너는 바로에게로 가라 보라 그가 물 있는 곳으로
나오리니 너는 나일 강가에 서서 그를 맞으며 그 뱀 되었던
지팡이를 손에 잡고 (출 7:15)

새벽 아직도 밝기 전에 예수께서 일어나 나가 한적한 곳으로
가사 거기서 기도하시더니 (막 1:35)

하나님을 찬송하라

비파야, 수금아, 깰지어다(עוּרָה הַנֵּבֶל וְכִנּוֹר 우라 하네벨 베키노르. 2절)

수금으로 번역된 히브리어 '키노르'에서 갈릴리 호수의
이름(키네렛)이 유래되었다. 하나님을 찬송하는 호수라니 이
얼마나 아름다운가!

이 백성은 내가 나를 위하여 지었나니 나를 찬송하게 하려

함이니라(사 43:21)

모든 백성과 나라들과 각 언어를 말하는 자들이 나팔과
피리와 수금과 삼현금과 양금과 및 모든 악기 소리를 듣자 곧
느부갓네살 왕이 세운 금 신상에게 엎드려 절하니라(단 3:7)

나팔 소리로 찬양하며 비파와 수금으로 찬양할지어다
소고 치며 춤추어 찬양하며 현악과 퉁소로 찬양할지어다
큰 소리 나는 제금으로 찬양하며 높은 소리 나는 제금으로
찬양할지어다(시 150:3-5)

세상에 수많은 악기들이 있다. 곳곳에서 제각기
아름다운 소리로 아름다운 연주가 울려 퍼진다. 그런데
이러한 악기들이 누구를 찬양하는 데 사용되어야 할까?

하나님이 나를 버리셨을 때 부르는 노래

때때로 하나님께서 우리를 버리신 것처럼 느껴질 때가
있다. 과연 하나님께서 정말 우리를 버리셨을까?

오직 시온이 이르기를 여호와께서 나를 버리시며 주께서 나를
잊으셨다 하였거니와 여인이 어찌 그 젖 먹는 자식을 잊겠으며

자기 태에서 난 아들을 긍휼히 여기지 않겠느냐 그들은 혹시
잊을지라도 나는 너를 잊지 아니할 것이라 내가 너를 내
손바닥에 새겼고 너의 성벽이 항상 내 앞에 있나니(사 49:14-16)

이사야 말씀은 그렇지 않다고 이야기하고 있다.
하나님께서는 우리를 결코 잊지 않는 분이시기 때문에
시인은 이렇게 노래할 수 있다.

하나님이여 내 마음을 정하였사오니(נָכוֹן לִבִּי 나콘 리비, 1절)

랍비 라쉬는 이 구절을 '주님과 함께 동행하기
때문에 하나님을 향하여 신실하겠습니다'라고 해석한다.
히브리어로 '나콘'은 '맞아, 바로 그거야!'(right, well)를
뜻한다. '내 마음을 정하였다'는 표현은 주님이 보시기에
'맞아, 바로 그거야!'란 뜻이다.

내가 노래하며 나의 마음을 다하여 찬양하리로다(אָשִׁירָה וַאֲזַמְּרָה
아쉬라 배아자므라, 1절)

이 구절은 '내가 누리는 영광조차도 하나님을 향하여
찬송하겠습니다'라는 뜻이다. 랍비 라쉬는 '내가 노래하는

바로 그 이유는, 주님이 주님이시기 때문입니다. 모든 영광을 주님께로 돌립니다'라고 해석한다.

주님을 찬송할 수 있는 이유

주께서 사랑하시는 자들을 건지시기 위하여 우리에게
응답하사 오른손으로 구원하소서(ידידיה 예디데이카, 6절)

주님이 우리를 잊지 않으시는 분이기 때문에 시인은 하나님께로 마음을 정하고, 마음 다하여 찬양할 수 있다. 우리는 주님의 사랑받는 자녀이기에 주님을 찬양할 수 있다. 솔로몬의 다른 이름은 '여디디야', 즉 '주께서 사랑하시며 잘 아시는 사람'이란 뜻이었다.

길르앗이 내 것이요 므낫세도 내 것이며 에브라임은 내 머리의
투구요 유다는 나의 규이며(8절)

또한 모든 것이 다 주님의 소관이기에 주님을 찬양할 수 있다. 주님은 이 세상 모든 것을 지으셨다. 그렇기 때문에 세상 모든 것이 주님의 것임을 굳게 믿어야 한다.

우리를 도와 대적을 치게 하소서 사람의 구원은 헛됨이니이다
우리가 하나님을 의지하고 용감히 행하리니 그는 우리의
대적들을 밟으실 자이심이로다(12-13절)

마지막으로 하나님은 도와주시는 분이시다. 그렇기
때문에 하나님을 찬양할 수 있다.

네 평생에 너를 능히 대적할 자가 없으리니 내가 모세와
함께 있었던 것 같이 너와 함께 있을 것임이니라 내가 너를
떠나지 아니하며 버리지 아니하리니 강하고 담대하라 너는
내가 그들의 조상에게 맹세하여 그들에게 주리라 한 땅을 이
백성에게 차지하게 하리라 오직 강하고 극히 담대하여 나의
종 모세가 네게 명령한 그 율법을 다 지켜 행하고 우로나
좌로나 치우치지 말라 그리하면 어디로 가든지 형통하리니
이 율법책을 네 입에서 떠나지 말게 하며 주야로 그것을
묵상하여 그 안에 기록된 대로 다 지켜 행하라 그리하면 네
길이 평탄하게 될 것이며 네가 형통하리라 내가 네게 명령한
것이 아니냐 강하고 담대하라 두려워하지 말며 놀라지 말라
네가 어디로 가든지 네 하나님 여호와가 너와 함께 하느니라
하시니라(수 1:5-9)

내가 산을 향하여 눈을 들리라 나의 도움이 어디서 올까 나의
도움은 천지를 지으신 여호와에게서로다(시 121:1-2)

두려워하지 말라 내가 너와 함께 함이라 놀라지 말라
나는 네 하나님이 됨이라 내가 너를 굳세게 하리라 참으로
너를 도와주리라 참으로 나의 의로운 오른손으로 너를
붙들리라(사 41:10)

너희는 마음에 근심하지 말라 하나님을 믿으니 또 나를 믿으라
내 아버지 집에 거할 곳이 많도다 그렇지 않으면 너희에게
일렀으리라 내가 너희를 위하여 거처를 예비하러 가노니 가서
너희를 위하여 거처를 예비하면 내가 다시 와서 너희를 내게로
영접하여 나 있는 곳에 너희도 있게 하리라(요 14:1-3)

그럼에도 나는
기도합니다

나는 사랑하나 그들은 도리어 나를 대적하니
나는 기도할 뿐이라

인생이라는 고된 삶 가운데 좋은 친구들만 있으면
좋으련만 삶은 그렇지 않다. 대적이라고 느껴지는 사람들이
있다. 그 수가 얼마나 많은지 오죽했으면 시편은 처음을
열면서 이렇게 기록하고 있겠는가?

복 있는 사람은 악인들의 꾀를 따르지 아니하며 죄인들의
길에 서지 아니하며 오만한 자들의 자리에 앉지
아니하고(시 1:1)

나를 대적하는 사람들

그렇다면 대적은 누구인가?

첫째, 입이 악한 거짓된 사람(פִּי רָשָׁע וּפִי־מִרְמָה 피 라샤 우피 미르마)이다.

그들이 악한 입과 거짓된 입을 열어 나를 치며 속이는 혀로
내게 말하며 또 미워하는 말로 나를 두르고 까닭 없이 나를
공격하였음이니이다(2-3절)

둘째, 선을 악으로 갚는 사람(רָעָה תַּחַת טוֹבָה 라아 타핫 토바)이다.

그들이 악으로 나의 선을 갚으며 미워함으로 나의 사랑을
갚았사오니(5절)

요아스 왕이 이와 같이 스가랴의 아버지 여호야다가 베푼
은혜를 기억하지 아니하고 그의 아들을 죽이니 그가
죽을 때에 이르되 여호와는 감찰하시고 신원하여 주옵소서
하니라(대하 24:22)

27

셋째, 약한 사람들에게 항상 잔인한 사람이다.

그가 인자를 베풀 일을 생각하지 아니하고 가난하고
궁핍한 자와 마음이 상한 자를 핍박하여 죽이려 하였기
때문이니이다(16절)

넷째, 저주하기를 좋아하는 사람이다.

그가 저주하기를 좋아하더니 그것이 자기에게 임하고
축복하기를 기뻐하지 아니하더니 복이 그를 멀리 떠났으며
또 저주하기를 옷 입듯 하더니 저주가 물 같이 그의 몸속으로
들어가며 기름 같이 그의 뼈 속으로 들어갔나이다(17-18절)

그가 사신을 브올의 아들 발람의 고향인 강가 브돌에 보내어
발람을 부르게 하여 이르되 보라 한 민족이 애굽에서 나왔는데
그들이 지면에 덮여서 우리 맞은편에 거주하였고 우리보다
강하니 청하건대 와서 나를 위하여 이 백성을 저주하라 내가
혹 그들을 쳐서 이겨 이 땅에서 몰아내리라 그대가 복을
비는 자는 복을 받고 저주하는 자는 저주를 받을 줄을 내가
앎이니라(민 22:5-6)

하나님이 저주하지 않으신 자를 내가 어찌 저주하며
여호와께서 꾸짖지 않으신 자를 내가 어찌 꾸짖으랴(민 23:8)

다섯째, 비방하는 사람(חֶרְפָּה 헤르파)이다.

나는 또 그들의 비방거리라 그들이 나를 보면 머리를
흔드나이다(25절)

대적을 만날지라도

그렇다면 대적으로 인하여 고통받는 시인은 어떻게
난관을 돌파하고 있을까?

첫째, 찬양한다(אֱלֹהֵי תְהִלָּתִי 엘로헤이 테힐라티).

내가 찬양하는 하나님이여 잠잠하지 마옵소서(1절)

둘째, 기도한다(וַאֲנִי תְפִלָּה 바아니 트필라).

나는 사랑하나 그들은 도리어 나를 대적하니 나는 기도할
뿐이라(4절)

4절 말씀을 직역하면 '나는 기도'이다. 무슨 의미일까? 바로 '나의 삶 자체가 기도입니다'라는 뜻이다.

한나가 마음이 괴로워서 여호와께 기도하고 통곡하며
서원하여 이르되 만군의 여호와여 만일 주의 여종의 고통을
돌보시고 나를 기억하사 주의 여종을 잊지 아니하시고 주의
여종에게 아들을 주시면 내가 그의 평생에 그를 여호와께
드리고 삭도를 그의 머리에 대지 아니하겠나이다(삼상 1:10-11)

셋째, 구원의 은총을 구한다(הוֹשִׁיעֵנִי כְחַסְדֶּךָ 호쉬예니
케하쓰데카).

여호와 나의 하나님이여 나를 도우시며 주의 인자하심을 따라
나를 구원하소서(26절)

우리 하나님이여 그들을 징벌하지 아니하시나이까 우리를
치러 오는 이 큰 무리를 우리가 대적할 능력이 없고 어떻게 할
줄도 알지 못하옵고 오직 주만 바라보나이다 하고 유다 모든
사람들이 그들의 아내와 자녀와 어린이와 더불어 여호와 앞에
섰더라(대하 20:12-13)

마지막으로 시인은 하나님께 큰 감사와 찬송을 올려
드리며 아름답게 인생을 마무리한다.

내가 입으로 여호와께 크게 감사하며 많은 사람 중에서
찬송하리니(30절)

한나가 기도하여 이르되 내 마음이 여호와로 말미암아
즐거워하며 내 뿔이 여호와로 말미암아 높아졌으며 내 입이
내 원수들을 향하여 크게 열렸으니 이는 내가 주의 구원으로
말미암아 기뻐함이니이다 여호와와 같이 거룩하신 이가
없으시니 이는 주밖에 다른 이가 없고 우리 하나님 같은
반석도 없으심이니이다(삼상 2:1-2)

대적이 가득한 세상 속에서
시인은 사방을 대적이 둘러싸고, 환난과 고난이 가득한
가운데서도 주님께서 은총을 베푸실 것을 신뢰했다.

주 여호와여 주의 이름으로 말미암아 나를 선대하소서 주의
인자하심이 선하시오니 나를 건지소서(21절)

베드로가 이르되 은과 금은 내게 없거니와 내게 있는 이것을

네게 주노니 나사렛 예수 그리스도의 이름으로 일어나 걸으라
하고 오른손을 잡아 일으키니 발과 발목이 곧 힘을 얻고 뛰어
서서 걸으며 그들과 함께 성전으로 들어가면서 걷기도 하고
뛰기도 하며 하나님을 찬송하니(행 3:6-8)

나의 반석이시요 나의 구속자이신 여호와여 내 입의 말과
마음의 묵상이 주님 앞에 열납되기를 원하나이다(시 19:14)

너를 축복하는 자에게는 내가 복을 내리고 너를 저주하는
자에게는 내가 저주하리니 땅의 모든 족속이 너로 말미암아
복을 얻을 것이라 하신지라(창 12:3)

이 찬양이 나의 온 마음을 담은 진정한 고백으로
드려지기를 원한다.

인생 여정 끝내고 강 건너편에 이를 때
하늘 문을 향해 말하리 예수 인도하셨네
매일 발걸음마다 주님 인도하셨네

주께서 찾으시는
청년들이 있는 곳

주의 권능의 날에 주의 백성이 거룩한 옷을 입고
즐거이 헌신하니 새벽이슬 같은 주의 청년들이 주께 나오는도다

랍비 라쉬를 비롯해 랍비 에벤 에제르와 라닥 등 중세 랍비들은 본 시편이 창세기 14장에 등장하는 아브라함, 멜기세덱과 연관된 것으로 이해한다. 그래서 본 시편이 메시아 시편으로 불리기도 한다.

하나님의 시간표대로 이루어진다

때와 기한을 정하시는 분은 오직 하나님뿐이시다. 하나님의 때에 하나님께서는 원수를 멸하여 주실 것이고, 더 이상 사탄의 활동을 용납하지 않으실 것이다. 우리에게

주어진 모든 시간은 하나님께서 정하신다는 것을 알고,
언제나 주님 앞에서 오늘을 경건하게 감사하며 살아 나가자.

여호와께서 내 주에게 말씀하시기를 내가 네 원수들로
네 발판이 되게 하기까지 너는 내 오른쪽에 앉아 있으라
하셨도다(1절)

그날에 여호와께서 그의 견고하고 크고 강한 칼로 날랜 뱀
리워야단 곧 꼬불꼬불한 뱀 리워야단을 벌하시며 바다에
있는 용을 죽이시리라 그날에 너희는 아름다운 포도원을 두고
노래를 부를지어다(사 27:1-2)

범사에 기한이 있고 천하 만사가 다 때가 있나니 날 때가
있고 죽을 때가 있으며 심을 때가 있고 심은 것을 뽑을 때가
있으며 죽일 때가 있고 치료할 때가 있으며 헐 때가 있고 세울
때가 있으며 울 때가 있고 웃을 때가 있으며 슬퍼할 때가 있고
춤출 때가 있으며 돌을 던져 버릴 때가 있고 돌을 거둘 때가
있으며 안을 때가 있고 안는 일을 멀리 할 때가 있으며 찾을
때가 있고 잃을 때가 있으며 지킬 때가 있고 버릴 때가 있으며
찢을 때가 있고 꿰맬 때가 있으며 잠잠할 때가 있고 말할 때가
있으며 사랑할 때가 있고 미워할 때가 있으며 전쟁할 때가

있고 평화할 때가 있느니라 … 하나님이 모든 것을 지으시되
때를 따라 아름답게 하셨고 또 사람들에게는 영원을 사모하는
마음을 주셨느니라 그러나 하나님이 하시는 일의 시종을
사람으로 측량할 수 없게 하셨도다(전 3:1-8, 11)

권능의 규(מַטֵּה־עֹז 마테 우즈카)

히브리어로 막대기는 두 가지 용도로 사용된다.
하나는 훈육의 막대, 또 하나는 의지하는 지팡이다. 다윗은
고백한다. 주의 지팡이와 막대기가 나를 안위하시나이다(시
23:4). 우리에게도 항상 여호와의 두 가지 막대기가 존재함을
명심하자.

여호와께서 시온에서부터 주의 권능의 규를 내보내시리니
주는 원수들 중에서 다스리소서(2절)

규가 유다를 떠나지 아니하며 통치자의 지팡이가 그 발
사이에서 떠나지 아니하기를 실로가 오시기까지 이르리니
그에게 모든 백성이 복종하리로다(창 49:10)

멜기세덱(מַלְכִּי־צֶדֶק 말키쩨덱)

히브리어로 멜기세덱은 '나의 왕은 의로우시다'는

뜻이다.

여호와는 맹세하고 변하지 아니하시리라 이르시기를 너는
멜기세덱의 서열을 따라 영원한 제사장이라 하셨도다(4절)

네가 영원히 멜기세덱의 반차를 따르는 제사장이라 하셨으니
그는 육체에 계실 때에 자기를 죽음에서 능히 구원하실 이에게
심한 통곡과 눈물로 간구와 소원을 올렸고 그의 경건하심으로
말미암아 들으심을 얻었느니라 그가 아들이시면서도 받으신
고난으로 순종함을 배워서 온전하게 되셨은즉 자기에게
순종하는 모든 자에게 영원한 구원의 근원이 되시고
하나님께 멜기세덱의 반차를 따른 대제사장이라 칭하심을
받으셨느니라(히 5:6-10)

시편 기자는 이렇게 고백한다.

이러한 백성은 복이 있나니 여호와를 자기 하나님으로 삼는
백성은 복이 있도다(시 144:15)

이사야 선지자는 예수 그리스도가 우리에게 평강을
주는 왕이심을 선포한다.

이는 한 아기가 우리에게 났고 한 아들을 우리에게 주신 바
되었는데 그의 어깨에는 정사를 메었고 그의 이름은 기묘자라,
모사라, 전능하신 하나님이라, 영존하시는 아버지라, 평강의
왕이라 할 것임이라 그 정사와 평강의 더함이 무궁하며 또
다윗의 왕좌와 그의 나라에 군림하여 그 나라를 굳게 세우고
지금 이후로 영원히 정의와 공의로 그것을 보존하실 것이라
만군의 여호와의 열심이 이를 이루시리라(사 9:6-7)

시편 기자와 이사야 선지자가 고백한 것처럼 우리 왕은
의로운 왕이시다. 우리에게 이런 왕이 있다는 것이 얼마나
행복하고 마음 든든한 일인가?

승리하신 그리스도

의로우신 왕, 우리의 예수 그리스도는 사망 권세를
이기고 승리하셨다. 따라서 예수 그리스도를 믿는 모든
사람들은 승리하신 예수 그리스도의 발자취를 따라 승리의
면류관을 써야만 한다.

주의 오른쪽에 계신 주께서 그의 노하시는 날에 왕들을 쳐서
깨뜨리실 것이라(5절)

네가 철장으로 그들을 깨뜨림이여 질그릇 같이 부수리라
하시도다 그런즉 군왕들아 너희는 지혜를 얻으며 세상의
재판관들아 너희는 교훈을 받을지어다 여호와를 경외함으로
섬기고 떨며 즐거워할지어다 그의 아들에게 입 맞추라
그렇지 아니하면 진노하심으로 너희가 길에서 망하리니 그의
진노가 급하심이라 여호와께 피하는 모든 사람은 다 복이
있도다(시 2:9-12)

내가 속히 오리니 네가 가진 것을 굳게 잡아 아무도 네
면류관을 빼앗지 못하게 하라(계 3:11)

새벽이슬 같은 주의 청년(יַלְדֻתֶיךָ שַׁל טַל 탈 얄두테이카)

주의 권능의 날에 주의 백성이 거룩한 옷을 입고 즐거이
헌신하니 새벽이슬 같은 주의 청년들이 주께 나오는도다(3절)

3절을 직역하면 '주의 권능의 날에 거룩한 영광의
모습으로 자원하는 주의 백성들은 어린 시절부터 이슬처럼
새벽을 깨우는 긍휼로 말미암아'가 된다. 무슨 뜻일까?
새벽에 하나님의 긍휼하심을 구할 때, 우리 자녀들이
거룩한 모습으로 주님의 나라를 위해 즐거이 헌신한다는

의미인 것이다.

바로가 그의 신하들에게 이르되 이와 같이 하나님의 영에
감동된 사람을 우리가 어찌 찾을 수 있으리요 하고 요셉에게
이르되 하나님이 이 모든 것을 네게 보이셨으니 너와 같이
명철하고 지혜 있는 자가 없도다 너는 내 집을 다스리라 내
백성이 다 네 명령에 복종하리니 내가 너보다 높은 것은 내
왕좌뿐이니라 바로가 또 요셉에게 이르되 내가 너를 애굽
온 땅의 총리가 되게 하노라 하고 자기의 인장 반지를 빼어
요셉의 손에 끼우고 그에게 세마포 옷을 입히고 금 사슬을
목에 걸고 자기에게 있는 버금 수레에 그를 태우매 무리가
그의 앞에서 소리 지르기를 엎드리라 하더라 바로가 그에게
애굽 전국을 총리로 다스리게 하였더라 바로가 요셉에게
이르되 나는 바로라 애굽 온 땅에서 네 허락이 없이는 수족을
놀릴 자가 없으리라 하고(창 41:38-44)

너는 청년의 때에 너의 창조주를 기억하라 곧 곤고한
날이 이르기 전에, 나는 아무 낙이 없다고 할 해들이
가깝기 전에(전 12:1)

곧 흠이 없고 용모가 아름다우며 모든 지혜를 통찰하며

지식에 통달하며 학문에 익숙하여 왕궁에 설 만한 소년을
데려오게 하였고 그들에게 갈대아 사람의 학문과 언어를
가르치게 하였고(단 1:4)

　오늘날 하나님이 찾고 계시는 새벽이슬과 같은
청년들은 어디에 있는가? 바로 우리의 기도 가운데,
기도하기 위해 꿇는 우리의 무릎과 눈물 속에 주님이 찾고
계시는 청년들이 있음을 명심하자.

영원히 계속되는
찬양

여호와를 경외함이 지혜의 근본이라 그의 계명을 지키는 자는
다 훌륭한 지각을 가진 자이니 여호와를 찬양함이 영원히 계속되리로다

시편 111편은 할렐루야 시편으로 히브리어 알파벳
순서를 따라 순차적으로 첫 글자를 배열하는 것이 특징이다.
읽다 보면 마치 아름답게 가꾼 정원이 떠오르기도 하고,
성도들의 교제 가운데 느껴지는 아름다움을 볼 수 있는
시이기도 하다.

찬양받기 합당하신 하나님

찬양받기 합당하신 우리 하나님은 어떤 분이신가?

첫째, 하나님은 영원토록 의로움을 행하시는 존귀한 분이시다.

그의 행하시는 일이 존귀하고 엄위하며 그의 의가 영원히 서 있도다(3절)

여호와는 은혜로우시고 자비로우시도다(חַנּוּן וְרַחוּם יְהוָה 하눈 배라훔 아도나이, 4절)

네 하나님 여호와는 자비하신 하나님이심이라 그가 너를 버리지 아니하시며 너를 멸하지 아니하시며 네 조상들에게 맹세하신 언약을 잊지 아니하시리라(신 4:31)

둘째, 자기를 경외하는 자들을 먹이시는 분이시다.

여호와께서 자기를 경외하는 자들에게 양식을 주시며(5절)

아론이 이스라엘 자손의 온 회중에게 말하매 그들이 광야를 바라보니 여호와의 영광이 구름 속에 나타나더라 여호와께서 모세에게 말씀하여 이르시되 내가 이스라엘 자손의 원망함을 들었노라 그들에게 말하여 이르기를 너희가

해 질 때에는 고기를 먹고 아침에는 떡으로 배부르리니 내가
여호와 너희의 하나님인 줄 알리라 하라 하시니라 저녁에는
메추라기가 와서 진에 덮이고 아침에는 이슬이 진 주위에
있더니 그 이슬이 마른 후에 광야 지면에 작고 둥글며 서리
같이 가는 것이 있는지라 이스라엘 자손이 보고 그것이
무엇인지 알지 못하여 서로 이르되 이것이 무엇이냐 하니
모세가 그들에게 이르되 이는 여호와께서 너희에게 주어 먹게
하신 양식이라(출 16:10-15)

셋째, 정의의 하나님이시다.

그의 손이 하는 일은 진실과 정의이며 그의 법도는 다
확실하니(7절)

여호와께서 그의 백성을 속량하시며 그의 언약을 영원히
세우셨으니 그의 이름이 거룩하고 지존하시도다(קָדוֹשׁ וְנוֹרָא שְׁמוֹ
카도쉬 베노라 슈모. 9절)

하나님을 찬양하는 성도

우리 하나님은 지존하시고 거룩하시며, 진실하시고
정의로우신 분이시다. 이러한 성품으로 자기 백성을

구원하시는 언약의 하나님이시다. 그렇다면 성도들은
누구인가?

첫째, 성도는 정직한 자들의 모임(בְּסוֹד יְשָׁרִים וְעֵדָה 베쏘드
예샤림 배에다)을 가리킨다. 히브리어로 '에다'는 증인 공동체를
뜻한다.

둘째, 이렇게 모인 성도들은 주님의 말씀을 기뻐하고,
주께서 행하시는 일을 목도함으로 기뻐한다.

오직 여호와의 율법을 즐거워하여 그의 율법을 주야로

묵상하는도다(시 1:2)

셋째, 성도는 주님께서 베푸신 기적을 기억하는
자들이다. 하지만 오늘날 우리를 돌아보면 애석하게도 우리
일상 가운데 주님께서 행하신 놀라운 일들을 잊고 살 때가
많다. 다시금 성도다운 성도로 살아가기 위하여 신명기의
말씀을 되새겨 본다.

내가 오늘 네게 명하는 여호와의 명령과 법도와 규례를 지키지

아니하고 네 하나님 여호와를 잊어버리지 않도록 삼갈지어다

네가 먹어서 배부르고 아름다운 집을 짓고 거주하게 되며

또 네 소와 양이 번성하며 네 은금이 증식되며 네 소유가 다
풍부하게 될 때에 네 마음이 교만하여 네 하나님 여호와를
잊어버릴까 염려하노라 여호와는 너를 애굽 땅 종 되었던
집에서 이끌어 내시고 너를 인도하여 그 광대하고 위험한
광야 곧 불뱀과 전갈이 있고 물이 없는 간조한 땅을 지나게
하셨으며 또 너를 위하여 단단한 반석에서 물을 내셨으며
네 조상들도 알지 못하던 만나를 광야에서 네게 먹이셨나니
이는 다 너를 낮추시며 너를 시험하사 마침내 네게 복을 주려
하심이었느니라(신 8:11-16)

넷째, 마지막으로 성도는 주님을 경외하는 자들이다.
주님을 경외한다는 것은 주님의 말씀에 순종하고, 항상
주님의 계명을 준수하기 위하여 깨어 있는 지각을 갖추는
것을 말한다.

여호와를 경외함이 지혜의 근본이라(רֵאשִׁית חָכְמָה יִרְאַת יְהוָה 레쉿
호크마 이르앗 아도나이, 10절)

그의 계명을 지키는 자는 다 훌륭한 지각을 가진 자이니
여호와를 찬양함이 영원히 계속되리로다(שֵׂכֶל טוֹב לְכָל־עֹשֵׂיהֶם
쎄켈 톱 레콜 오쎄이헴, 10절)

지혜가 있어서 이 일을 깨달을 만한 자가 누구며 여호와의
입의 말씀을 받아서 선포할 자가 누구인고 이 땅이
어찌하여 멸망하여 광야 같이 불타서 지나가는 자가 없게
되었느냐(렘 9:12)

경외하는 자에게
주어지는 복

여호와를 경외하며 그의 계명을 크게 즐거워하는 자는 복이 있도다
그의 후손이 땅에서 강성함이여 정직한 자들의 후손에게 복이 있으리로다

하나님을 경외하는 자는 주님의 계명을 즐거워한다.
하나님을 기뻐하고 즐거워하며, 여호와를 경외하는 자에게
어떤 복이 주어질까?

첫째, 그의 후손에게 복이 있다.

그의 후손이 땅에서 강성함이여 정직한 자들의 후손에게 복이
있으리로다(2절)

사자가 이르시되 그 아이에게 네 손을 대지 말라 그에게 아무
일도 하지 말라 네가 네 아들 네 독자까지도 내게 아끼지
아니하였으니 내가 이제야 네가 하나님을 경외하는 줄을
아노라(창 22:12)

둘째, 부요하게 된다.

부와 재물(הוֹן וָעֹשֶׁר 혼 바 오쉐르)이 그의 집에 있음이여 그의
공의(צִדְקָתוֹ 찌드카토)가 영구히 서 있으리로다(3절)

하지만 기억해야 할 것이 있다. 하나님을 경외하지
않는 삶에도 정의와 공의가 없는 부와 재물이 있을 수 있다.
명심하고 분별해야 한다.
셋째, 항상 빛으로 거한다. 자비롭고 긍휼이 많으신
하나님은 성경에서 매우 중요한 개념인데, 시편 기자는
여기에 하나님이 의로우신 분임을 덧붙인다.

정직한 자들에게는 흑암 중에 빛이 일어나나니 그는
자비롭고 긍휼이 많으며 의로운 이로다(חַנּוּן וְרַחוּם וְצַדִּיק 하눈
배라훔 배짜딕, 4절)

네 하나님 여호와는 자비하신 하나님이심이라

(אֵל רַחוּם יְהוָה אֱלֹהֶיךָ 엘 라훔 아도나이 엘로헤이카 신 4:31)

넷째, 형통하게 된다.

은혜를 베풀며 꾸어 주는 자는 잘 되나니 그 일을 정의로

행하리로다(טוֹב־אִישׁ חוֹנֵן וּמַלְוֶה 톱 이쉬 호넨 우말배, 5절)

그가 재물을 흩어 빈궁한 자들에게 주었으니 그의 의가 영구히

있고(צִדְקָתוֹ עֹמֶדֶת לָעַד 찌드카토 오메뎃 라아드) 그의 뿔이 영광 중에

들리리로다(9절)

다섯째, 흔들리지 않는다.

그는 영원히 흔들리지 아니함이여 의인은 영원히

기억되리로다(6절)

그는 흉한 소문을 두려워하지 아니함이여 여호와를 의뢰하고

그의 마음을 굳게 정하였도다

(נָכוֹן לִבּוֹ בָּטֻחַ בַּיהוָה 나콘 리비 바투아흐 바아도나이, 7절)

내가 나의 완전함에 행하였사오며 흔들리지 아니하고

여호와를 의지하였사오니 여호와여 나를 판단하소서

여호와여 나를 살피시고 시험하사 내 뜻과 내 양심을

단련하소서(시 26:1-2)

하나님이여 내 마음이 확정되었고 내 마음이 확정되었사오니

내가 노래하고 내가 찬송하리이다 내 영광아 깰지어다 비파야

수금아 깰지어다 내가 새벽을 깨우리로다(시 57:7-8)

할렐루야
주님을 찬양할지라

해 돋는 데에서부터 해 지는 데에까지
여호와의 이름이 찬양을 받으시리로다

시편 113편은 처음과 마지막을 할렐루야로 장식하는 할렐루야 시편이다. '찬양하라'(הַלְלוּ 할렐루)는 히브리어로 '자랑하라', '널리 알려라'라는 뜻이다.

할렐루야 여호와의 종들아 찬양하라 여호와의 이름을
찬양하라 이제부터 영원까지 여호와의 이름을 찬송할지로다
해 돋는 데에서부터 해 지는 데에까지 여호와의 이름이 찬양을
받으시리로다(1-3절)

주님이 찬송받기 합당하신 이유는 무엇일까? 시인은 이렇게 말한다.

첫째, 우리 주님은 높으신 분(רָם 람)이시기 때문에 찬양받기 합당하시다.

여호와는 모든 나라보다 높으시며 그의 영광은 하늘보다
높으시도다(4절)

웃시야 왕이 죽던 해에 내가 본즉 주께서 높이 들린 보좌에
앉으셨는데 그의 옷자락은 성전에 가득하였고(사 6:1)

둘째, 우리 주님은 겸손한 분(הַמַּשְׁפִּילִי 하마슈필리)이시기
때문에 찬양받기 합당하시다.

여호와 우리 하나님과 같은 이가 누구리요 높은 곳에
앉으셨으나 스스로 낮추사 천지를 살피시고(5-6절)

너희 안에 이 마음을 품으라 곧 그리스도 예수의 마음이니
그는 근본 하나님의 본체시나 하나님과 동등됨을
취할 것으로 여기지 아니하시고 오히려 자기를 비워 종의

형체를 가지사 사람들과 같이 되셨고 사람의 모양으로
나타나사 자기를 낮추시고 죽기까지 복종하셨으니 곧
십자가에 죽으심이라 (빌 2:5-8)

셋째, 우리 주님은 넘어진 자를 일으켜 주시는 분이기
때문에 찬양받기 합당하시다.

가난한 자를 먼지 더미에서 일으키시며 궁핍한 자를 거름
더미에서 들어 세워 지도자들 곧 그의 백성의 지도자들과 함께
세우시며 (7-8절)

이러므로 하나님이 그를 지극히 높여 모든 이름 위에 뛰어난
이름을 주사 하늘에 있는 자들과 땅에 있는 자들과 땅 아래에
있는 자들로 모든 무릎을 예수의 이름에 꿇게 하시고 모든
입으로 예수 그리스도를 주라 시인하여 하나님 아버지께
영광을 돌리게 하셨느니라 (빌 2:9-11)

내가 너를 모태에 짓기 전에 너를 알았고 네가 배에서 나오기
전에 너를 성별하였고 너를 여러 나라의 선지자로 세웠노라
하시기로 (렘 1:5)

넷째, 또한 주님은 넘어진 자를 회복시키시는 분이기 때문에 찬양받기 합당하시다. 히브리어로 '회복'은 '기운이 돌아오다', '원 상태로 돌아가다'라는 뜻이다.

임신하지 못하던 여자를 집에 살게 하사 자녀들을 즐겁게 하는 어머니가 되게 하시는도다(9절)

너는 또 여호와의 손의 아름다운 관, 네 하나님의 손의 왕관이 될 것이라 다시는 너를 버림 받은 자라 부르지 아니하며 다시는 네 땅을 황무지라 부르지 아니하고 오직 너를 헵시바라 하며 네 땅을 쁄라라 하리니 이는 여호와께서 너를 기뻐하실 것이며 네 땅이 결혼한 것처럼 될 것임이라 마치 청년이 처녀와 결혼함 같이 네 아들들이 너를 취하겠고 신랑이 신부를 기뻐함 같이 네 하나님이 너를 기뻐하시리라(사 62:3-5)

광야의 백성을
돌보시는 하나님

이스라엘이 애굽에서 나오며 야곱의 집안이 언어가 다른
민족에게서 나올 때에 유다는 여호와의 성소가 되고
이스라엘은 그의 영토가 되었도다

본 시편은 출애굽 시편이다. 출애굽의 목적은
이스라엘이 하나님께서 거하시는 성소가 되는 것이었다.
이스라엘 백성이 가서 누리게 될 가나안 땅은 하나님이
직접 통치하시는 나라가 되어야 했다.

출애굽에 담긴 목적

그는 또 성막과 제단 주위 뜰에 포장을 치고 뜰 문에 휘장을
다니라 모세가 이같이 역사를 마치니 구름이 회막에 덮이고

여호와의 영광이 성막에 충만하매 모세가 회막에 들어갈 수
없었으니 이는 구름이 회막 위에 덮이고 여호와의 영광이
성막에 충만함이었으며 구름이 성막 위에서 떠오를 때에는
이스라엘 자손이 그 모든 행진하는 길에 앞으로 나아갔고
구름이 떠오르지 않을 때에는 떠오르는 날까지 나아가지
아니하였으며 낮에는 여호와의 구름이 성막 위에 있고 밤에는
불이 그 구름 가운데에 있음을 이스라엘의 온 족속이 그 모든
행진하는 길에서 그들의 눈으로 보았더라(출 40:33-38)

주님이 가르쳐 주신 주기도문에 출애굽의 목적과 뜻이
더욱 선명하게 드러난다.

너희는 이렇게 기도하라 하늘에 계신 우리 아버지여 이름이
거룩히 여김을 받으시오며 나라가 임하시오며 뜻이 하늘에서
이루어진 것 같이 땅에서도 이루어지이다(마 6:9-10)

사도바울은 이렇게 말하였다.

너희는 너희가 하나님의 성전인 것과 하나님의 성령이 너희
안에 계시는 것을 알지 못하느냐 누구든지 하나님의 성전을
더럽히면 하나님이 그 사람을 멸하시리라 하나님의 성전은

거룩하니 너희도 그러하니라(고전 3:16-17)

그렇다면 출애굽을 한 이스라엘이 가나안 땅에 들어가서 해야 하는 일은 무엇인가?

이 때에 모세와 이스라엘 자손이 이 노래로 여호와께 노래하니 일렀으되 내가 여호와를 찬송하리니 그는 높고 영화로우심이요 말과 그 탄 자를 바다에 던지셨음이로다 여호와는 나의 힘이요 노래시며 나의 구원이시로다 그는 나의 하나님이시니 내가 그를 찬송할 것이요 내 아버지의 하나님이시니 내가 그를 높이리로다 여호와는 용사시니 여호와는 그의 이름이시로다(출 15:1-3)

구원받은 이스라엘 백성은 약속의 땅에서 영원히 구원의 하나님을 송축하며 살아가야 한다.

출애굽을 통해 알 수 있는 아버지의 마음
출애굽은 하나님께서 이미 오래전부터 예정하신 사건이다.

여호와께서 아브람에게 이르시되 너는 반드시 알라 네 자손이

이방에서 객이 되어 그들을 섬기겠고 그들은 사백 년 동안 네
자손을 괴롭히리니 그들이 섬기는 나라를 내가 징벌할지며 그
후에 네 자손이 큰 재물을 이끌고 나오리라(창 15:13-14)

하늘에서 내려온 자 곧 인자 외에는 하늘에 올라간 자가
없느니라 모세가 광야에서 뱀을 든 것 같이 인자도 들려야
하리니 이는 그를 믿는 자마다 영생을 얻게 하려 하심이니라
하나님이 세상을 이처럼 사랑하사 독생자를 주셨으니 이는
그를 믿는 자마다 멸망하지 않고 영생을 얻게 하려 하심이라
하나님이 그 아들을 세상에 보내신 것은 세상을 심판하려
하심이 아니요 그로 말미암아 세상이 구원을 받게 하려
하심이라 그를 믿는 자는 심판을 받지 아니하는 것이요 믿지
아니하는 자는 하나님의 독생자의 이름을 믿지 아니하므로
벌써 심판을 받은 것이니라(요 3:13-18)

오래전부터 출애굽을 예정하시고, 출애굽을 통해 자기
백성에게 구원을 베푸신 하나님은 어떤 하나님이신가?

첫째, 온 땅의 주인이시다. 만물의 주인이신 하나님은
크신 하나님이시다.

바다야 네가 도망함은 어찌함이며 요단아 네가 물러감은
어찌함인가 너희 산들아 숫 양들 같이 뛰놀며 작은 산들아
어린 양들 같이 뛰놂은 어찌함인가 땅이여 너는 주 앞 곧
야곱의 하나님 앞에서 떨지어다(5-7절)

토지를 영구히 팔지 말 것은 토지는 다 내 것임이니라 너희는
거류민이요 동거하는 자로서 나와 함께 있느니라(레 25:23)

둘째, 하나님은 광야의 이스라엘 백성을 돌보셨다. 우리
하나님은 이적을 베푸시는 하나님이시다.

그가 반석을 쳐서 못물이 되게 하시며 차돌로 샘물이 되게
하셨도다(8절)

이스라엘 자손의 온 회중이 여호와의 명령대로 신 광야에서
떠나 그 노정대로 행하여 르비딤에 장막을 쳤으나 백성이
마실 물이 없는지라 백성이 모세와 다투어 이르되 우리에게
물을 주어 마시게 하라 모세가 그들에게 이르되 너희가
어찌하여 나와 다투느냐 너희가 어찌하여 여호와를
시험하느냐 거기서 백성이 목이 말라 물을 찾으매 그들이
모세에게 대하여 원망하여 이르되 당신이 어찌하여 우리를

애굽에서 인도해 내어서 우리와 우리 자녀와 우리 가축이
목말라 죽게 하느냐 모세가 여호와께 부르짖어 이르되 내가
이 백성에게 어떻게 하리이까 그들이 조금 있으면 내게 돌을
던지겠나이다 여호와께서 모세에게 이르시되 백성 앞을
지나서 이스라엘 장로들을 데리고 나일강을 치던 네 지팡이를
손에 잡고 가라 내가 호렙 산에 있는 그 반석 위 거기서 네
앞에 서리니 너는 그 반석을 치라 그것에서 물이 나오리니
백성이 마시리라 모세가 이스라엘 장로들의 목전에서 그대로
행하니라 그가 그 곳 이름을 맛사 또는 므리바라 불렀으니
이는 이스라엘 자손이 다투었음이요 또는 그들이 여호와를
시험하여 이르기를 여호와께서 우리 중에 계신가 안 계신가
하였음이더라(출 17:1-7)

셋째, 이적을 베풀고 자기 백성을 돌보시고 먹이시는
아버지는 자기 백성에게 생명수를 주기 위해 직접 이 땅에
오신 분이시다.

이 물을 마시는 자마다 다시 목마르려니와 내가 주는 물을
마시는 자는 영원히 목마르지 아니하리니 내가 주는 물은 그
속에서 영생하도록 솟아나는 샘물이 되리라(요 4:13-14)

누구든지 목마르거든 내게로 와서 마시라 나를 믿는 자는
성경에 이름과 같이 그 배에서 생수의 강이 흘러나오리라
하시니 (요 7:37-38)

하나님이여 사슴이 시냇물을 찾기에 갈급함 같이 내 영혼이
주를 찾기에 갈급하니이다 내 영혼이 하나님 곧 살아 계시는
하나님을 갈망하나니 내가 어느 때에 나아가서 하나님의
얼굴을 뵈올까 (시 42:1-2)

출애굽을 통해 자기 백성을 끝까지 돌보시고
인도하시는 하나님을 알 수 있다. 하나님은 여기에 그치지
않고 영원한 생명수를 주기 위해 직접 이 땅에 오셨다.
우리는 영원한 생명수를 주시는 예수님을 갈망해야 한다.

우리의 도움이시요
방패시로다

여호와를 경외하는 자들아 너희는 여호와를 의지하여라
그는 너희의 도움이시요 너희의 방패시로다

시인은 오직 하나님께만 영광을 돌린다(Soli Deo Gloria).
우리도 오직 하나님께만 영광을 돌려야 한다.

홀로 영광 받으소서
우상은 무익하다. 모든 영광은 하나님만 받으시기
합당하다.

여호와여 영광을 우리에게 돌리지 마옵소서 우리에게 돌리지
마옵소서 오직 주는 인자하시고 진실하시므로 주의 이름에만

영광을 돌리소서(תֵּן כָּבוֹד עַל־חַסְדְּךָ עַל־אֲמִתֶּךָ 텐 카보드 알 하쓰데카 알 아미테카 1절)

그들의 우상들은 은과 금이요 사람이 손으로 만든 것이라 입이 있어도 말하지 못하며 눈이 있어도 보지 못하며 귀가 있어도 듣지 못하며 코가 있어도 냄새 맡지 못하며 손이 있어도 만지지 못하며 발이 있어도 걷지 못하며 목구멍이 있어도 작은 소리조차 내지 못하느니라 우상들을 만드는 자들과 그것을 의지하는 자들이 다 그와 같으리로다(4-8절)

여호와는 오직 하나님만을 의지하는 자에게 복을 주신다. 그러므로 우리는 방패 되시는 여호와, 복을 주시는 여호와를 찬양해야 한다.

모든 영광을 하나님께
모든 영광을 하나님께
온 맘과 뜻 다하여 주 사모합니다
예수님 찬양받으소서

도움과 방패 되시는 하나님
하나님은 자기 백성의 도움이시며 방패이시다.

하나님은 자기를 부르짖는 백성에게, 심지어 고래 뱃속에서
부르짖을지라도 부르짖음을 들으시며 건지시고, 복을
더하시는 분이다.

이스라엘아 여호와를 의지하라 그는 너희의 도움이시요
너희의 방패시로다(9절)

여호와를 경외하는 자들아 너희는 여호와를 의지하여라 그는
너희의 도움이시요 너희의 방패시로다(11절)

여호와께서 우리를 생각하사 복을 주시되 이스라엘 집에도
복을 주시고 아론의 집에도 복을 주시며 높은 사람이나
낮은 사람을 막론하고 여호와를 경외하는 자들에게 복을
주시리로다 여호와께서 너희를 곧 너희와 너희의 자손을 더욱
번창하게 하시기를 원하노라(12-14절)

너희는 천지를 지으신 여호와께 복을 받는 자로다
(בְּרוּכִים אַתֶּם לַיהוָה 브루킴 아템 라아도나이, 15절)

죽은 자들은 여호와를 찬양하지 못하나니 적막한 데로
내려가는 자들은 아무도 찬양하지 못하리로다 우리는

이제부터 영원까지 여호와를 송축하리로다 할렐루야(הַלְלוּיָהּ

할렐루-야. 17-18절)

스올이 주께 감사하지 못하며 사망이 주를 찬양하지 못하며
구덩이에 들어간 자가 주의 신실을 바라지 못하되 오직 산
자 곧 산 자는 오늘 내가 하는 것과 같이 주께 감사하며 주의
신실을 아버지가 그의 자녀에게 알게 하리이다 여호와께서
나를 구원하시리니 우리가 종신토록 여호와의 전에서
수금으로 나의 노래를 노래하리로다(사 38:18-20)

요나가 물고기 뱃속에서 그의 하나님 여호와께 기도하여
이르되 내가 받는 고난으로 말미암아 여호와께 불러
아뢰었더니 주께서 내게 대답하셨고 내가 스올의 뱃속에서
부르짖었더니 주께서 내 음성을 들으셨나이다 주께서 나를
깊음 속 바다 가운데에 던지셨으므로 큰물이 나를 둘렀고 주의
파도와 큰 물결이 다 내 위에 넘쳤나이다 내가 말하기를 내가
주의 목전에서 쫓겨났을지라도 다시 주의 성전을 바라보겠다
하였나이다 물이 나를 영혼까지 둘렀사오며 깊음이 나를
에워싸고 바다 풀이 내 머리를 감쌌나이다 내가 산의 뿌리까지
내려갔사오며 땅이 그 빗장으로 나를 오래도록 막았사오나
나의 하나님 여호와여 주께서 내 생명을 구덩이에서

건지셨나이다 내 영혼이 내 속에서 피곤할 때에 내가 여호와를

생각하였더니 내 기도가 주께 이르렀사오며 주의 성전에

미쳤나이다 거짓되고 헛된 것을 숭상하는 모든 자는 자기에게

베푸신 은혜를 버렸사오나 나는 감사하는 목소리로 주께

제사를 드리며 나의 서원을 주께 갚겠나이다 구원은 여호와께

속하였나이다 하니라 여호와께서 그 물고기에게 말씀하시매

요나를 육지에 토하니라(욘 2:1-10)

주께서 나의 기도를 들으시나니

여호와께서 내 음성과 내 간구를 들으시므로 내가 그를 사랑하는도다
그의 귀를 내게 기울이셨으므로 내가 평생에 기도하리로다

기도를 들어주시는 하나님

첫째, 기도를 들으시는 하나님은 긍휼의 하나님이시다.

여호와는 은혜로우시며 의로우시며 우리 하나님은 긍휼이
많으시도다(חַנּוּן יְהוָה וְצַדִּיק וֵאלֹהֵינוּ מְרַחֵם 하눈 아도나이 배짜딕
배엘로헤이누 메라헴, 5절)

둘째, 기도를 들으시는 하나님은 우리의 간구를
들으시는 하나님이시다. 기도는 나의 음성으로 하나님께

드리는 간구이다. 하나님은 우리 음성으로 드리는 간구를
들으신다. 나는 나의 간구를 들으시는 하나님을 사랑한다.

여호와께서 내 음성과 내 간구를 들으시므로 내가 그를
사랑하는도다(1절)

그의 귀를 내게 기울이셨으므로 내가 평생에
기도하리로다(2절)

셋째, 기도를 들으시는 하나님은 순진한 자를 지켜
주시고, 건지시는 분이시다.

여호와께서는 순진한 자를 지키시나니 내가 어려울 때에 나를
구원하셨도다(6절)

언제나 들으시는 하나님
우리는 언제 기도할 수 있을까? 하나님께서는 우리
기도를 귀 기울여 들으시는 분이기 때문에 우리는 평생토록
하나님께 기도할 수 있다. 고통과 환난, 슬픔 가운데
있을지라도 언제든지 간구할 수 있다.

사망의 줄이 나를 두르고 스올의 고통이 내게 이르므로
내가 환난과 슬픔을 만났을 때에 내가 여호와의 이름으로
기도하기를 여호와여 주께 구하오니 내 영혼을 건지소서
하였도다(3-4절)

한나가 마음이 괴로워서 여호와께 기도하고 통곡하며
서원하여 이르되 만군의 여호와여 만일 주의 여종의 고통을
돌보시고 나를 기억하사 주의 여종을 잊지 아니하시고 주의
여종에게 아들을 주시면 내가 그의 평생에 그를 여호와께
드리고 삭도를 그의 머리에 대지 아니하겠나이다 그가
여호와 앞에 오래 기도하는 동안에 엘리가 그의 입을
주목한즉 한나가 속으로 말하매 입술만 움직이고 음성은
들리지 아니하므로 엘리는 그가 취한 줄로 생각한지라 엘리가
그에게 이르되 네가 언제까지 취하여 있겠느냐 포도주를
끊으라 하니 한나가 대답하여 이르되 내 주여 그렇지
아니하니이다 나는 마음이 슬픈 여자라 포도주나 독주를
마신 것이 아니요 여호와 앞에 내 심정을 통한 것뿐이오니
당신의 여종을 악한 여자로 여기지 마옵소서 내가 지금까지
말한 것은 나의 원통함과 격분됨이 많기 때문이니이다
하는지라(삼상 1:10-16)

간구하는 신자의 합당한 반응

그렇다면 언제든지, 평생토록 간구할 수 있는 신자가 언제나 간구를 듣고 계시는 하나님께 보일 수 있는 합당한 반응은 무엇일까?

첫째, 감격한다.

내게 주신 모든 은혜를 내가 여호와께 무엇으로 보답할까(12절)

다윗 왕이 여호와 앞에 들어가 앉아서 이르되 주 여호와여 나는 누구이오며 내 집은 무엇이기에 나를 여기까지 이르게 하셨나이까 주 여호와여 주께서 이것을 오히려 적게 여기시고 또 종의 집에 있을 먼 장래의 일까지도 말씀하셨나이다 주 여호와여 이것이 사람의 법이니이다 주 여호와는 주의 종을 아시오니 다윗이 다시 주께 무슨 말씀을 하오리이까(삼하 7:18-20)

둘째, 서원을 갚는다.

내가 구원의 잔을 들고 여호와의 이름을 부르며 여호와의 모든 백성 앞에서 나는 나의 서원을 여호와께 갚으리로다(13-14절)

내가 여호와께 서원한 것을 그의 모든 백성이 보는 앞에서
내가 지키리로다(18절)

한나가 이르되 내 주여 당신의 사심으로 맹세하나이다 나는
여기서 내 주 당신 곁에 서서 여호와께 기도하던 여자라 이
아이를 위하여 내가 기도하였더니 내가 구하여 기도한 바를
여호와께서 내게 허락하신지라 그러므로 나도 그를 여호와께
드리되 그의 평생을 여호와께 드리나이다 하고 그가 거기서
여호와께 경배하니라(삼상 1:26-28)

셋째, 죽기까지 주님을 사랑한다.

그의 경건한 자들의 죽음은 여호와께서 보시기에 귀중한
것이로다(15절)

그들이 돌로 스데반을 치니 스데반이 부르짖어 이르되 주
예수여 내 영혼을 받으시옵소서 하고 무릎을 꿇고 크게 불러
이르되 주여 이 죄를 그들에게 돌리지 마옵소서 이 말을 하고
자니라(행 7:59-60)

또 우리 형제들이 어린 양의 피와 자기들이 증언하는

말씀으로써 그를 이겼으니 그들은 죽기까지 자기들의 생명을
아끼지 아니하였도다(계 12:11)

넷째, 감사한다.

여호와여 나는 진실로 주의 종이요 주의 여종의 아들 곧 주의
종이라 주께서 나의 결박을 푸셨나이다 내가 주께 감사제를
드리고 여호와의 이름을 부르리이다(16-17절)

감사로 제사를 드리는 자가 나를 영화롭게 하나니 그의 행위를
옳게 하는 자에게 내가 하나님의 구원을 보이리라(시 50:23)

여호와께 감사하라 그는 선하시며 그 인자하심이
영원함이로다 하늘의 하나님께 감사하라 그 인자하심이
영원함이로다(시 136:1, 26)

예수께서 이르시되 내 말이 네가 믿으면 하나님의 영광을
보리라 하지 아니하였느냐 하시니 돌을 옮겨 놓으니
예수께서 눈을 들어 우러러 보시고 이르시되 아버지여 내
말을 들으신 것을 감사하나이다 항상 내 말을 들으시는 줄을
내가 알았나이다 그러나 이 말씀 하옵는 것은 둘러선 무리를

위함이니 곧 아버지께서 나를 보내신 것을 그들로 믿게 하려
함이니이다 이 말씀을 하시고 큰 소리로 나사로야 나오라
부르시니(요 11:40-43)

그 중의 한 사람이 자기가 나은 것을 보고 큰 소리로 하나님께
영광을 돌리며 돌아와 예수의 발 아래에 엎드리어 감사하니
그는 사마리아 사람이라 예수께서 대답하여 이르시되 열
사람이 다 깨끗함을 받지 아니하였느냐 그 아홉은 어디
있느냐 이 이방인 외에는 하나님께 영광을 돌리러 돌아온 자가
없느냐 하시고 그에게 이르시되 일어나 가라 네 믿음이 너를
구원하였느니라 하시더라(눅 17:15-19)

그러므로 우리는 하나님께 이렇게 고백할 수 있다.

내 영혼아 네 평안함으로 돌아갈지어다 여호와께서 너를
후대하심이로다 주께서 내 영혼을 사망에서, 내 눈을
눈물에서, 내 발을 넘어짐에서 건지셨나이다 내가 생명이 있는
땅에서 여호와 앞에 행하리로다(7-9절)

승리의 노래를 올려드린
세 여인의 노래처럼

우리에게 향하신 여호와의 인자하심이 크시고
여호와의 진실하심이 영원함이로다 할렐루야

성경에는 멋진 승리 이후 하나님께 찬송을 올려 드린
세 여인의 아름다운 찬송 시가 기록되어 있다.

드보라의 노래

드보라는 히브리어로 '꿀벌', '축복'을 뜻한다.

이 날에 드보라와 아비노암의 아들 바락이 노래하여
이르되 이스라엘의 영솔자들이 영솔하였고 백성이 즐거이
헌신하였으니 여호와를 찬송하라 너희 왕들아 들으라

통치자들아 귀를 기울이라 나 곧 내가 여호와를 노래할 것이요
이스라엘의 하나님 여호와를 찬송하리로다(삿 5:1-3)

한나의 노래

한나는 히브리어로 '간청', '간구하다'는 뜻이다.

한나가 기도하여 이르되 내 마음이 여호와로 말미암아
즐거워하며 내 뿔이 여호와로 말미암아 높아졌으며 내 입이
내 원수들을 향하여 크게 열렸으니 이는 내가 주의 구원으로
말미암아 기뻐함이니이다 여호와와 같이 거룩하신 이가
없으시니 이는 주 밖에 다른 이가 없고 우리 하나님 같은
반석도 없으심이니이다(삼상 2:1-2)

마리아의 노래

마리아는 히브리어로 '고난의 여인'을 뜻한다.

마리아가 이르되 내 영혼이 주를 찬양하며 내 마음이 하나님
내 구주를 기뻐하였음은 그의 여종의 비천함을 돌보셨음이라
보라 이제 후로는 만세에 나를 복이 있다 일컬으리로다
능하신 이가 큰 일을 내게 행하셨으니 그 이름이 거룩하시며
긍휼하심이 두려워하는 자에게 대대로 이르는도다 그의 팔로

힘을 보이사 마음의 생각이 교만한 자들을 흩으셨고 권세 있는
자를 그 위에서 내리치셨으며 비천한 자를 높이셨고 주리는
자를 좋은 것으로 배불리셨으며 부자는 빈 손으로 보내셨도다
그 종 이스라엘을 도우사 긍휼히 여기시고 기억하시되 우리
조상에게 말씀하신 것과 같이 아브라함과 그 자손에게 영원히
하시리로다 하니라(눅 1:46-55)

온 땅 가득 흘러넘치는 찬양의 고백

세 여인처럼 시편 117편도 하나님께 올려 드리는
아름다운 찬송시이다. 본 시편은 150편 중 가장 짧은
시이지만 그 내용은 묵상할수록 깊고도 깊다. 찬양하는
주체는 나를 넘어 세상 모든 민족으로 확대된다.
시인은 히브리어 '할렐루'(찬양하라, 자랑하라)뿐 아니라
'샤브후후'(그분을 섬세하게 송축하라)로 노래한다. 시인이 말하는
'모든 나라', '모든 백성'에는 우리도 포함되어 있다.

너희 모든 나라들아 여호와를 찬양하며 너희 모든 백성들아
그를 찬송할지어다(הַלְלוּ אֶת־יְהוָה כָּל־גּוֹיִם שַׁבְּחוּהוּ כָּל־הָאֻמִּים 할렐루
엣 아도나이 콜 고임 샤브후후 콜 하움밈, 1절)

주님의 '인자하심'(חֶסֶד 하쓰도)과 '진실함'(אֱמֶת 에멧)은

하나님의 속성 중 대표적인 덕목이다. 우리가 하나님을 찬양할 때 하나님의 인자하심과 진실하심은 온 땅 가득 흘러넘칠 것이다.

우리에게 향하신 여호와의 인자하심이 크시고 여호와의 진실하심이 영원함이로다 할렐루야

(כִּי גָבַר עָלֵינוּ חַסְדּוֹ וֶאֱמֶת־יְהוָה לְעוֹלָם הַלְלוּ־יָהּ 키 가브루 알레이누 하쓰도 베에멧 아도나이 레올람 할렐루야, 2절)

여호와께
피하는 자

여호와께 피하는 것이 사람을 신뢰하는 것보다 나으며
여호와께 피하는 것이 고관들을 신뢰하는 것보다 낫도다

여호와께 감사하라 그는 선하시며 그의 인자하심이
영원함이로다(הֹודוּ לַיהֹוָה כִּי־טֹוב כִּי לְעֹולָם חַסְדֹּו 호두 라아도나이 키 톱
레올람 하쓰도. 1절)

여호와께 감사하라 그는 선하시며 그의 인자하심이
영원함이로다(29절)

본 시편은 감사 시편으로 감사로 시작하여 감사로
마무리되는 시이다. 이 시의 감사의 주체는 이스라엘과

아론의 집, 그리고 여호와를 경외하는 자이다.

> 이제 이스라엘은 말하기를 그의 인자하심이 영원하다
> 할지로다 이제 아론의 집은 말하기를 그의 인자하심이
> 영원하다 할지로다 이제 여호와를 경외하는 자는 말하기를
> 그의 인자하심이 영원하다 할지로다(2-4절)

감사의 이유

시인이 말하는 감사의 이유는 무엇일까?

첫째, 여호와께서 고통 중에 응답하시는 하나님이시기 때문이다.

> 내가 고통 중에 여호와께 부르짖었더니 여호와께서
> 응답하시고 나를 넓은 곳에 세우셨도다(5절)

> 주께서 내게 응답하시고 나의 구원이 되셨으니 내가 주께
> 감사하리이다(21절)

둘째, 여호와께서 우리 편이시기 때문이다.

여호와는 내 편이시라(לִי יְהוָה 아도나이 리) 내가 두려워하지
아니하리니 사람이 내게 어찌할까 여호와께서 내 편이 되사
나를 돕는 자들 중에 계시니 그러므로 나를 미워하는 자들에게
보응하시는 것을 내가 보리로다(6-7절)

광대하신 여호와

시인이 노래하는 하나님은 어떤 분이실까? 이 시에서
소개하고 있는 하나님을 정리해 보자.

여호와는 나의 능력과 찬송이시요 또 나의 구원이
되셨도다(14절)

여호와의 오른손이 높이 들렸으며 여호와의 오른손이 권능을
베푸시는도다(16절)

이는 여호와의 문이라 의인들이 그리로 들어가리로다(20절)

여호와는 하나님이시라 그가 우리에게 빛을 비추셨으니
밧줄로 절기 제물을 제단 뿔에 맬지어다(אֵל יְהוָה וַיָּאֶר לָנוּ 엘
아도나이 바야에르 라누. 27절)

주는 나의 하나님이시라 내가 주께 감사하리이다 주는 나의
하나님이시라 내가 주를 높이리이다

(אֵלִי אַתָּה וְאוֹדֶךָּ אֱלֹהַי אֲרוֹמְמֶךָּ 엘리 아타 배오데카 엘로하이 아롬메카,
28절)

시인의 고백처럼 하나님은 이렇게나 크고 놀라우신
분이시다. 그렇다면 광대하신 여호와 앞에 선 우리는 어떤
자들일까?

여호와를 경외하는 자(יִרְאֵי יְהוָה 이르에이 아도나이, 4절)
여호와의 이름으로 오는 자(הַבָּא בְּשֵׁם יְהוָה 하바쉠 아도나이, 26절)

아름다우신 여호와의 이름으로부터 오는 자인 우리가
여호와를 경외하는 것은 마땅한 일이다. 우리는 주님을
경외하는 자로 살아가야 한다.

주의 말씀은 내 길의 빛이니이다

내가 보니 모든 완전한 것이 다 끝이 있어도
주의 계명들은 심히 넓으니이다

시편 119편을 제대로 살펴보기 위해서는 토라에 대한 선행 이해가 도움이 된다. 시를 살펴보기 전 먼저 토라에 대해 살펴보자.

토라의 다양한 표현
시편 119편은 토라를 다양하게 부르고 있다.

1절 여호와의 율법(תּוֹרַת יְהוָה 토랏 아도나이)

율법은 '율법과 복음'이라는 도식으로 이해할 때 종종
은혜의 복음 반대편에 서 있는 것으로 인식되어 폐기되어야
할 것이라는 오해를 받고는 한다. 하지만 히브리적
의미에서 율법은 '삶의 지침서'로, 우리 삶에 필수 불가결한
핵심 요소이다. 토라를 율법으로 번역하고 있는 1절을 살짝
바꿔 '율법'을 '안내서' 또는 '매뉴얼'로 이해해 보는 것도
좋겠다.

　　29절은 토라를 주의 법(חוֹרָתֶךָ 토랏트카)으로 번역한다.
좋은 제품을 만든 이가 직접 제품 매뉴얼을 만들 듯,
율법은 우리를 창조하신 하나님께서 친히 우리에게 주신
지침서이다.

　　2절 여호와의 증거(עֵדֹתָיו 에돗타브)

　　2절은 토라를 '증거'로 이해한다. 왜 율법을 증거라고
부르는가? 증인의 기준은 진실성이다. 우리 하나님은
참으로 진실하신 분이시다. 참으로 진실하신 분께서
직접 하신 말씀이기에 '증거'라고 부를 수 있는 것이다.
2절에서 '증거'로 번역된 '에돗'은 22절에서는 '교훈'으로
번역되기도 한다.

22절 주의 교훈(敎訓 testimonies עֵדֹתֶיךָ 에돗테이카)

88절 주의 입의 교훈(testimony עֵדוּת פִיךָ 에돗 피카)

138절 주께서 명령하신 증거들은 의롭고 지극히

성실하니이다(צִוִּיתָ צֶדֶק עֵדֹתֶיךָ וֶאֱמוּנָה מְאֹד 찌비타 쩨덱 에돗테이카

배에무나 메오드)

구약 공동체를 히브리어로 '에다'라 부른다. 왜냐하면
그들이 바로 하나님의 구원을 목도한 사람들이기 때문이다.
'에다'는 여호와께서 직접 행하신 말씀(에돗)에 대한
증인이다.

3절 주의 도(דְרָכֶיךָ 드라카브)

3절은 토라를 '주의 도'로 표현하고 있다. 비슷한
의미로 37절은 '주의 길'(דְרָכֶךָ 드라케카)을 사용한다. 27절은
'주의 기이한 일'(wondrous works דֶרֶךְ-פִקּוּדֶיךָ 데렉 피쿠데이카: 히브리어의
'피쿠드'는 '미리 검열을 끝내신 다음 찾아오셔서 내리시는 명령'을 뜻한다. 즉 '주께서
살펴보신 후 명령하신 길'로 이해할 수 있다)로 표현한다.

4절 주의 법도(פִקּוּדֶיךָ 피쿠데이카)

주님께서 구체적으로 명령하신 세부 지침이 토라이다. 168절은 '주의 법도'와 '증거'를 나란히 배치한다. 주의 법도는 주께서 친히 정하신 것으로 증거물이 될 수 있다.

168절 주의 법도들과 증거(פִּקּוּדֶיךָ וְעֵדֹתֶיךָ 피쿠데이카 배에돗테이카)

'율례'는 구체적인 법령들을 뜻한다.

5절 주의 율례(חֻקֶּיךָ 후케이카)

'계명'으로 번역한 미쯔바는 명령이라는 뜻이다.

6절 주의 모든 계명(מִצְוֹתֶיךָ 미쯔봇테이카)

히브리어 '미슈파트'는 다양하게 번역되어 사용되고 있다. 판단, 규례, 심판, 공의 등으로 다양하게 사용되고 있다.

7절 주의 의로운 판단(מִשְׁפְּטֵי צִדְקֶךָ 미슈페테이 찌드케카)
20절 주의 규례(מִשְׁפָּטֶיךָ 미슈파테이카)

75절 주의 심판(מִשְׁפָּטֶיךָ 미슈파테이카)

108절 주의 공의(מִשְׁפָּטֶיךָ 미슈파테이카)

62절은 특별히 '주의 의로운 규례'(מִשְׁפְּטֵי צִדְקֶךָ 미슈페테이 찌드케카)라는 표현을 사용하고 있다. 주님의 규례는 의롭다. 주님은 의로운 분이시기에 그분의 판단 역시 옳다는 뜻이다.

토라는 의로운 판단으로써 모든 행동의 기준이 된다. 이뿐 아니라 토라는 하나님의 의로우심을 영원히 드러내는 진리의 말씀이다.

142절 주의 의는 영원한 의요 주의 율법은 진리로소이다(צִדְקָתְךָ צֶדֶק לְעוֹלָם וְתוֹרָתְךָ אֱמֶת 찌드카트카 쩨덱 레올람 베토라트카 에멧)

'말씀'으로 번역된 드바르의 뜻은 '대화로 하신 말씀'을 의미한다. 나아가 43절은 '진리의 말씀'(דְבַר־אֱמֶת 드바르 에멧)을 사용한다. 토라는 진리의 말씀이고, 아멘의 말씀이다.

9절 주의 말씀(דְבָרֶךָ 드바레카)

160절 주의 말씀의 강령(רֹאשׁ־דְּבָרְךָ 로쉬 드바레카)

토라는 주께서 하신 말씀의 시작이다.

123절 주의 의로운 말씀(אִמְרַת צִדְקֶךָ 이므랏 찌드케카)

토라는 주님의 신실하심과 성실하심을 잘 드러내 준다.

90절 주의 성실하심(אֱמוּנָתֶךָ 에무나테카)

토라를 설명하기 위한 기록 방식

시편 119편은 히브리어 자음 22자를 순서대로
각각 8절씩 써서 총 176절로 구성되어 있다. 첫 자음
'א 알렙'으로 시작하는 시를 8줄 쓰고, 다음 자음인
'ב 베트'로 시작하는 시를 8줄 쓰는 식이다. 이런 형태의
시를 아크로스틱(acrostic)이라고 부른다. 시편 119편은
아크로스틱 형식으로 하나님의 말씀(תּוֹרַת יְהֹוָה 토랏 아도나이)인
토라를 설명한다.

여기까지 토라에 대하여 살펴보았다. 이제 본격적으로
장장 176절에 달하는 장편 시, 시편 119편을 살펴보자.

.

첫째 단락

1 행위가 온전하여 여호와의 율법을 따라 행하는 자들은 복이
있음이여
2 여호와의 증거들을 지키고 전심으로 여호와를 구하는 자는
복이 있도다
3 참으로 그들은 불의를 행하지 아니하고 주의 도를
행하는도다
4 주께서 명령하사 주의 법도를 잘 지키게 하셨나이다
5 내 길을 굳게 정하사 주의 율례를 지키게 하소서
6 내가 주의 모든 계명에 주의할 때에는 부끄럽지
아니하리이다
7 내가 주의 의로운 판단을 배울 때에는 정직한 마음으로 주께
감사하리이다
8 내가 주의 율례들을 지키오리니 나를 아주 버리지 마옵소서

이렇게 우리말 번역본만 보면 히브리식 기록 방식을
알아낼 재간이 없다. 하지만 원문을 보면 본문에 담긴
시편 기자의 고심의 흔적을 발견할 수 있다. 첫째 단락은
히브리어 첫 자(א 알렙)로 시작하는 단어를 여덟 번 배치한다.

1 אַשְׁרֵי

2 אַשְׁרֵי

3 אַף

4 אַתָּה

5 אַחֲלַי

6 אָז

7 אוֹדְךָ

8 אֶת

אַשְׁרֵי (아슈레; 복이 있음이여) / אַשְׁרֵי (아슈레; 복이 있도다)

이 단어의 어근은 '야샤르'로 '바르게 걷고 행한다'는
뜻이다. 또한 셈어인 아카드어의 '우슈르'는 버팀목이라는
뜻이다. 우리에게 든든한 버팀목은 하나님의 말씀이지
않을까? 언어유희를 하여 '아슈레'를 '아쉐르'로 읽으면
연결 접속사가 된다. 이는 하나님과 나 사이를 이어 주는
교량이란 뜻이니 어찌 행복하지 않을 수 있을까?

시편 119편은 복 있는 사람 '아슈레'(אַשְׁרֵי)를 시의
첫머리에 배치한다. 토라의 길로 걸어가는 사람들의 행복을
설명하기 위함이다. 이는 시편 1편 1절(אַשְׁרֵי)과 마태복음
5장 3절 예수님의 산상수훈 첫 부분과 일치를 이룬다.

복 있는 사람은 악인들의 꾀를 따르지 아니하며 죄인들의
길에 서지 아니하며 오만한 자들의 자리에 앉지 아니하고
오직 여호와의 율법을 즐거워하여 그의 율법을 주야로
묵상하는도다(시 1:1-2)

심령이 가난한 자는 복이 있나니 천국이 그들의
것임이요(마 5:3)

4절은 토라를 지킬 것을 명하신 분이 주님이심을
강조하기 위해 2인칭으로 표기한다(אַתָּה 아타). 7절은 토라를
주신 주님께 감사를 표한다(אוֹדְךָ 오데카). 이 어근에서
'유다'(히브리어 바른 읽기는 '예후다')가 나온다.

그가 또 임신하여 아들을 낳고 이르되 내가 이제는 여호와를
찬송하리로다 하고 이로 말미암아 그가 그의 이름을 유다라
하였고 그의 출산이 멈추었더라(창 29:35)

본문을 통해 알 수 있는 복 있는 사람은 누구인가?
토라의 가르침대로 사는 사람, 토라의 주인이신 하나님을
찾는 사람이다.

9 청년이 무엇으로 그의 행실을 깨끗하게 하리이까 주의
말씀만 지킬 따름이니이다

10 내가 전심으로 주를 찾았사오니 주의 계명에서 떠나지 말게
하소서

11 내가 주께 범죄하지 아니하려 하여 주의 말씀을 내 마음에
두었나이다

12 찬송을 받으실 주 여호와여 주의 율례들을 내게 가르치소서

13 주의 입의 모든 규례들을 나의 입술로 선포하였으며

14 내가 모든 재물을 즐거워함 같이 주의 증거들의 도를
즐거워하였나이다

15 내가 주의 법도들을 작은 소리로 읊조리며 주의 길들에
주의하며

16 주의 율례들을 즐거워하며 주의 말씀을 잊지 아니하리이다

히브리어 두 번째 자음(ב 베트)을 앞에 배치하여
메시지를 전달하고 있다.

9 בַּמֶּה
10 בְּכָל־לִבִּי

91

11 בְּלִבִּי

12 בָּרוּ

13 בִּשְׂפָתַי

14 בְּדֶרֶךְ

15 בְּפִקֻּדֶיךָ

16 בְּחֻקֹּתֶיךָ

히브리 개념을 풀어쓰면 다음과 같다

무엇으로(בַּמֶּה 바메)

나의 온 마음을 다해(בְּכָל־לִבִּי 베콜 리비)

내 마음으로(בְּלִבִּי 베리비)

복 되십니다(בָּרוּךְ 바룩)

전심으로 주를 찾는다는 의미는

주님의 계명에서 떠나지 않는,

주님의 말씀을 마음에 새겨놓은,

주님의 말씀을 증언하며 즐거워하는 삶이다

시인이 본 시를 청년으로 시작하는 까닭은 무엇일까?

왕궁에 모셔 설 수 있는 청년의 조건을 다니엘서는 다음과 같이 제시한다.

곧 흠이 없고(אֵין־בָּהֶם כָּל־מְאוּם 에인 바헴 콜 메움)

용모가 아름다우며(טוֹבֵי מַרְאֶה 토베이 마르에)

모든 지혜를 통찰하며(מַשְׂכִּילִים בְּכָל־חָכְמָה 마쓰킬림 베콜 호크마)

지식에 통달하며(יֹדְעֵי דַעַת 요드에이 다앗)

학문에 익숙하여(מְבִינֵי מַדָּע 메비네이 마다)

우리 인생은 평생 왕이신 주님을 섬길 의미를 지닌 채 태어났다.

네가 자기의 일에 능숙한 사람을 보았느냐 이러한 사람은 왕 앞에 설 것이요 천한 자 앞에 서지 아니하리라(잠 22:29)

그 섬김은 사무엘처럼 어린 시절부터 시작되어

사무엘은 어렸을 때에 세마포 에봇을 입고 여호와 앞에서 섬겼더라(삼상 2:18)

청년으로 이어지고

93

곧 흠이 없고 아름다우며 모든 지혜를 통찰하며 지식에
통달하며 학문에 익숙하여 왕궁에 설 만한 소년을 데려오게
하였고 그들에게 갈대아 사람의 학문과 방언을 가르치게
하였고(단 1:4)

노년에 이르기까지 주님을 섬길 수 있도록 기도하자.

주 여호와께서 학자들의 혀를 내게 주사 나로 곤고한 자를
말로 어떻게 도와줄 줄을 알게 하시고 아침마다 깨우치시되
나의 귀를 깨우치사 학자들 같이 알아듣게 하시도다(사 50:4)

예수님을 생각해 본다. 성경은 우리 주님이 점차
자라가는 과정을 이렇게 기록하고 있다.

예수는 지혜와 키가 자라가며 하나님과 사람에게 더욱
사랑스러워 가시더라(Καὶ Ἰησοῦς προέκοπτεν [ἐν τῇ] σοφίᾳ καὶ ἡλικίᾳ
καὶ χάριτι παρὰ θεῷ καὶ ἀνθρώποις 카이 예쑤스 프로에콥텐 엔 테 쏘피아 카이
헬리키아 카이 카리티 파라 쎄오 카이 안쓰로포이쓰 눅 2:52)

하나님의 말씀을 다양하게 표현하는 까닭은 무엇일까?
다이아몬드를 사람들이 좋아하는 이유는 다이아몬드가

가진 색과 각도 때문이다. 모두 12개의 정오각형, 20개의
육각형으로 되어 있는 축구공과 같은 다이아몬드처럼
토라도 마찬가지의 각도로 우리에게 말씀의 빛을 찬란하게
비추고 있다.

דְּבָרֶךָ (드바레카; 주님이 하시는 대화의 말씀)

מִצְוֹתֶיךָ (미쯔봇테이카; 주님이 친히 하신 명령)

אִמְרָתֶךָ (이므랏테카; 주님의 선언)

חֻקֶּיךָ (후케이카; 우리가 반드시 지켜야 할 법)

מִשְׁפְּטֵי־פִיךָ (미슈페테이 피카; 주님의 입으로 말씀하신 판결)

דֶּרֶךְ עֵדְוֺתֶיךָ (데렉 에돗테이카; 주님이 친히 보이신 증거의 길)

פִּקֻּדֶיךָ (피쿠데이카; 주님이 오셔서 검열하신 뒤에 말씀하신 세부사항)

אָרְחֹתֶיךָ (오르홋테이카; 주님의 길)

하나님의 자녀들은 하나님의 말씀에 귀를 기울일 뿐
아니라 하나님을 사랑할 의무가 있다.

첫째, 들으라!
우리 하나님 여호와는 오직 유일한 여호와이시다!

(שְׁמַע יִשְׂרָאֵל יְהוָה אֱלֹהֵינוּ יְהוָה אֶחָד 슈마 이쓰라엘 아도나이 엘로헤이누

아도나이 에하드)

둘째, 한 분이신 하나님을 사랑하라.

마음을 다하고(בְּכָל־לְבָבְךָ 베콜 레바베카)
뜻을 다하고(בְּכָל־נַפְשְׁךָ 베콜 낲쉐카)
힘을 다하여(בְּכָל־מְאֹדֶךָ 베콜 메오데카)

셋째, 마음에 새겨라.

넷째, 가르치라.

자녀에게 부지런히 가르치며 집에 앉았을 때에든지 길을 갈
때에든지 누워 있을 때에든지 일어날 때에든지 이 말씀을
강론할 것이며 너는 또 그것을 네 손목에 매어 기호(אוֹת
옷)를 삼으며 네 미간에 붙여 표(טֹטָפֹת 토타폿)로 삼고 또 네 집
문설주와 바깥 문에 기록할지니라(신 6:7-9)

하나님은 유일하신 분이시기 때문에 그분의 말씀을
경청해 들어야 하고 우리에게 유익한 말씀을 해오신
하나님과 말씀이 육신이 되어 직접 이 땅에 구원자로 오신

예수님을 사랑해야 하는 것이다. 그뿐 아니라 이러한 복된
소식을 담고 있는 하나님의 말씀을 자녀들에게 가르치며
삶의 현장에서 말씀이 드러나도록 살아 내야 할 의무가
우리 모두에게 있는 것이다. 소중한 진리를 담은 토라를
다양하게 표현하는 까닭은 그만큼 말씀이 소중하며
귀하다는 사실을 전달하기 위함이다.

셋째 단락

17 주의 종을 후대하여 살게 하소서 그리하시면 주의 말씀을
지키리이다
18 내 눈을 열어서 주의 율법에서 놀라운 것을 보게 하소서
19 나는 땅에서 나그네가 되었사오니 주의 계명들을 내게
숨기지 마소서
20 주의 규례들을 항상 사모함으로 내 마음이 상하나이다
21 교만하여 저주를 받으며 주의 계명들에서 떠나는 자들을
주께서 꾸짖으셨나이다
22 내가 주의 교훈들을 지켰사오니 비방과 멸시를 내게서
떠나게 하소서
23 고관들도 앉아서 나를 비방하였사오나 주의 종은 주의
율례들을 작은 소리로 읊조렸나이다

24 주의 증거들은 나의 즐거움이요 나의 충고자니이다

히브리어 세 번째 문자(ג 김멜)로 시작하고 있다.

17 גָּמַל

18 גַּל־עֵינַי

19 גֵּר

20 גָּרְסָה

21 גָּעַרְתָּ

22 גַּל

23 גַּם

24 גַּם

본 단락을 통해 신앙인의 자화상을 생각해 볼 수 있다.

첫째, 신자는 주님의 종이다.

상전의 손을 바라보는 종들의 눈 같이, 여주인의 손을
바라보는 여종의 눈 같이 우리의 눈이 여호와 우리
하나님을 바라보며 우리에게 은혜 베풀어 주시기를
기다리나이다(시 123:2)

둘째, 신자는 섬기는 사람들이다.

오직 나와 내 집은 여호와를 섬기겠노라(수 24:15)

셋째, 신자는 주인이 어떤 분이신지를 아는 사람들이다.

여러 날 동안 해도 별도 보이지 아니하고 큰 풍랑이 그대로
있으매 구원의 여망마저 없어졌더라 여러 사람이 오래 먹지
못하였으매 바울이 가운데 서서 말하되 여러분이여 내
말을 듣고 그레데에서 떠나지 아니하여 이 타격과 손상을
면하였더라면 좋을 뻔하였느니라 내가 너희를 권하노니
이제는 안심하라 너희 중 아무도 생명에는 아무런 손상이
없겠고 오직 배뿐이리라 내가 속한 바 곧 내가 섬기는
하나님의 사자가 어제 밤에 내 곁에 서서 말하되 바울아
두려워하지 말라 네가 가이사 앞에 서야 하겠고 또 하나님께서
너와 함께 항해하는 자를 다 네게 주셨다 하였으니 그러므로
여러분이여 안심하라 나는 내게 말씀하신 그대로 되리라고
하나님을 믿노라(행 27:20-25)

넷째, 마지막으로 신자는 주님의 말씀과 함께하는
사람들이다.

너희는 거류민이요 동거하는 자로서 나와 함께
있느니라(레 25:23)

넷째 단락

25 내 영혼이 진토에 붙었사오니 주의 말씀대로 나를
살아나게 하소서
26 내가 나의 행위를 아뢰매 주께서 내게 응답하셨사오니
주의 율례들을 내게 가르치소서
27 나에게 주의 법도들의 길을 깨닫게 하여 주소서
그리하시면 내가 주의 기이한 일들을 작은 소리로
읊조리리이다
28 나의 영혼이 눌림으로 말미암아 녹사오니 주의 말씀대로
나를 세우소서
29 거짓 행위를 내게서 떠나게 하시고 주의 법을 내게
은혜로이 베푸소서
30 내가 성실한 길을 택하고 주의 규례들을 내 앞에
두었나이다
31 내가 주의 증거들에 매달렸사오니 여호와여 내가 수치를
당하지 말게 하소서
32 주께서 내 마음을 넓히시면 내가 주의 계명들의 길로

달려가리이다

히브리어 네 번째 알파벳(ד 달렛)으로 시작한다.

25 דָּבְקָה
26 דְּרָכַי
27 דֶּרֶךְ
28 דָּלְפָה
29 דֶּרֶךְ
30 דֶּרֶךְ
31 דָּבַקְתִּי
32 דֶּרֶךְ

하나님의 은총을 입어야 한다. 주님을 떠나면 진토에
붙은 인생이 되지만 주님의 은총을 입으면 하늘과 연결된
영적인 존재가 된다.

하나님이 그 뜻대로 그에게 형체를 주시되 각 종자에게 그
형체를 주시느니라 육체는 다 같은 육체가 아니니 하나는
사람의 육체요 하나는 짐승의 육체요 하나는 새의 육체요
하나는 물고기의 육체라 하늘에 속한 형체도 있고 땅에 속한

형체도 있으나 하늘에 속한 것의 영광이 따로 있고 땅에 속한

것의 영광이 따로 있으니 (고전 15:38-40)

주님의 은총을 입기 위하여 은총의 물방울이

떨어지기(דִּלְפָה 달파)를 간구해야 한다.

그의 아버지 이삭이 그에게 이르되 내 아들아 가까이 와서

내게 입맞추라 그가 가까이 가서 그에게 입맞추니 아버지가

그의 옷의 향취를 맡고 그에게 축복하여 이르되 내 아들의

향취는 여호와께서 복 주신 밭의 향취로다 하나님은 하늘의

이슬과 땅의 기름짐이며 풍성한 곡식과 포도주를 네게

주시기를 원하노라 (창 27:26-28)

또한 부지런히 진리의 길(דֶּרֶךְ־אֱמוּנָה 데렉 에무나)을 걸어야

한다. 시는 토라를 다양하게 기록하면서 토라의 길, 즉

진리의 길이자 주님이 명령하신 길인 주의 법도의 길을

걸어갈 것을 당부하고 있다.

דֶּרֶךְ־מִצְוֹתֶיךָ (데렉 미쯔봇테이카: 주의 계명의 길)

דֶּרֶךְ־פִּקּוּדֶיךָ (데렉 피쿠데이카: 주의 법도의 길)

דְּבָרֶךָ (드바레카: 주의 말씀)

חֻקֶּיךָ (후케이카; 주의 율례)

תּוֹרָתְךָ (토라트카; 주의 법)

מִשְׁפָּטֶיךָ (미슈파테이카; 주의 규례)

עֵדְוֹתֶיךָ (에돗테이카; 주의 증거)

여호와께서는 너희를 자기 백성으로 삼으신 것을
기뻐하셨으므로 여호와께서는 그의 크신 이름을 위해서라도
자기 백성을 버리지 아니하실 것이요 나는 너희를 위하여
기도하기를 쉬는 죄를 여호와 앞에 결단코 범하지 아니하고
선하고 의로운 길을 너희에게 가르칠 것인즉 너희는
여호와께서 너희를 위하여 행하신 그 큰일을 생각하여
오직 그를 경외하며 너희의 마음을 다하여 진실히 섬기라
만일 너희가 여전히 악을 행하면 너희와 너희 왕이 다
멸망하리라(삼상 12:22-25)

예수께서 이르시되 내가 곧 길이요 진리요 생명이니 나로
말미암지 않고는 아버지께로 올 자가 없느니라(요 14:6)

내 영혼을 소생시키시고 자기 이름을 위하여 의의 길
(מַעְגְּלֵי־צֶדֶק 마아글레이 쩨덱)로 인도하시는도다(시 23:3)

다섯째 단락

33 여호와여 주의 율례들의 도를 내게 가르치소서 내가
끝까지 지키리이다
34 나로 하여금 깨닫게 하여 주소서 내가 주의 법을 준행하며
전심으로 지키리이다
35 나로 하여금 주의 계명들의 길로 행하게 하소서 내가 이를
즐거워함이니이다
36 내 마음을 주의 증거들에게 향하게 하시고 탐욕으로
향하지 말게 하소서
37 내 눈을 돌이켜 허탄한 것을 보지 말게 하시고 주의 길에서
나를 살아나게 하소서
38 주를 경외하게 하는 주의 말씀을 주의 종에게 세우소서
39 내가 두려워하는 비방을 내게서 떠나게 하소서 주의
규례들은 선하심이니이다
40 내가 주의 법도들을 사모하였사오니 주의 의로 나를
살아나게 하소서

히브리어 다섯 번째 알파벳(ה 헤이)으로 시작한다.

33 הוֹרֵנִי

34 הֲבִינֵנִי

35 הַדְרִיכֵנִי

36 הַט־לִבִּי

37 הַעֲבֵר

38 הָקֵם

39 הַעֲבֵר

40 הִנֵּה

신앙인은 탐욕과 허탄한 것, 두려워하는 비방을
멀리해야 한다.

탐욕으로 향하지 말게 하소서(36절)

허탄한 것을 보지 말게 하시고(37절)

두려워하는 비방을 내게서 떠나게 하소서(39절)

신앙인은 하나님의 말씀을 지킬 것을 서약하는
사람들이다. 본문은 아래 히브리어 동사 두 개를 사용하여
'지킨다'는 의미를 나타내고 있다.

에쯔레나(אֶצְּרֶנָּה)의 어근 '나짜르'는 나사렛과 깊은
연관을 갖는다. 나사렛 사람의 뜻은 하나님의 말씀을
지키는 사람이다. 에슈메레나(אֶשְׁמְרֶנָּה)의 어근 '샤마르'는

주님의 말씀을 소중히 간직한다는 의미다.

말씀을 그냥 지키는 것이 아니라 전심으로(בְּכָל-לֵב 베콜 렙),
가장 좋아하고 원하는 온 마음으로 지키겠다고 서약하고
있다. '라닥'에서 야곱 이름이 유래되었다. 야곱이라는
이름에서 야곱의 열정이 묻어 나온다.

여섯째 단락

41 여호와여 주의 말씀대로 주의 인자하심과 주의 구원을
내게 임하게 하소서
42 그리하시면 내가 나를 비방하는 자들에게 대답할 말이
있사오리니 내가 주의 말씀을 의지함이니이다
43 진리의 말씀이 내 입에서 조금도 떠나지 말게 하소서 내가
주의 규례를 바랐음이니이다
44 내가 주의 율법을 항상 지키리이다 영원히 지키리이다
45 내가 주의 법도들을 구하였사오니 자유롭게 걸어갈
것이오며
46 또 왕들 앞에서 주의 교훈들을 말할 때에 수치를 당하지
아니하겠사오며
47 내가 사랑하는 주의 계명들을 스스로 즐거워하며
48 또 내가 사랑하는 주의 계명들을 향하여 내 손을 들고 주의

율례들을 작은 소리로 읊조리리이다

히브리어 여섯 번째 알파벳(ו 바브)으로 시작한다.

41 וִיבֹאֻנִי

42 וְאֶעֱנֶה

43 וְאַל

44 וְאֶשְׁמְרָה

45 וְאֶתְהַלְּכָה

46 וַאֲדַבְּרָה

47 וְאֶשְׁתַּעֲשַׁע

48 וְאֶשָּׂא־כַפַּי

45절(וְאֶתְהַלְּכָה 베이트할카)의 의미는 '걸어간다'는 의미로 하나님과 동행할 것을 의미한다. 본문은 토라를 다음과 같이 다양하게 표현하며, 토라와 함께 자유롭게 걸어갈 것을 다짐하고 있다.

41절 주의 말씀(אִמְרָתֶךָ 이므라테카: 선언적 말씀)
42절 주의 말씀(דְּבָרֶךָ 드바레카: 대화적 말씀)
43절 진리의 말씀(דְּבַר־אֱמֶת 드바르 에멧)

44절 주의 율법(תּוֹרָתֶךָ 토라트카)

45절 주의 법도(פִּקֻּדֶיךָ 피쿠데이카)

46절 주의 교훈(עֵדֹתֶיךָ 에돗테이카)

47절 주의 계명(מִצְוֹתֶיךָ 미쯔봇테이카)

48절 주의 율례(חֻקֶּיךָ 후케이카)

주님의 말씀을 따르는 시인을 생각할 때 이 찬양이
떠오른다.

주와 같이 길 가는 것 즐거운 일 아닌가
우리 주님 걸어가신 발자취를 밟겠네
한 걸음 한 걸음 주 예수와 함께
날마다 날마다 우리는 걷겠네

이렇게 주의 말씀을 의지하며 나아갈 때 승리의 자유가
찾아올 것이다.

나 자유 얻었네 너 자유 얻었네 우리 자유 얻었네
주 말씀하시길 죄 사슬 끊겼네 우리 자유 얻었네 할렐루야
나 자유 얻었네 너 자유 얻었네 우리 자유 얻었네

그렇기에 말씀을 향해 나의 두 손을 들고 이렇게 고백한다.

두 손 들고 찬양합니다 다시 오실 왕 여호와께
오직 주만이 나를 다스리네 나 주님만을 섬기리
헛된 마음 버리고 성령이여 내 영혼 충만하게 하소서
주님 앞에 내 생명 드리리라

일곱째 단락

49 주의 종에게 하신 말씀을 기억하소서 주께서 내게 소망을
가지게 하셨나이다
50 이 말씀은 나의 고난 중의 위로라 주의 말씀이 나를
살리셨기 때문이니이다
51 교만한 자들이 나를 심히 조롱하였어도 나는 주의 법을
떠나지 아니하였나이다
52 여호와여 주의 옛 규례들을 내가 기억하고 스스로
위로하였나이다
53 주의 율법을 버린 악인들로 말미암아 내가 맹렬한 분노에
사로잡혔나이다
54 내가 나그네 된 집에서 주의 율례들이 나의 노래가
되었나이다

55 여호와여 내가 밤에 주의 이름을 기억하고 주의 법을
지켰나이다
56 내 소유는 이것이니 곧 주의 법도들을 지킨 것이니이다

히브리어 일곱 번째 알파벳(ז 자인)으로 시작한다.

49 זְכֹר

50 זֹאת

51 זֵדִים

52 זָכַרְתִּי

53 זַלְעָפָה

54 זְמִרוֹת

55 זָכַרְתִּי

56 זֹאת

시편 기자는 주의 말씀이 고난 중의 위로라고
고백한다(50절 상반절). 여기서 시편 기자에게 위로가 된 주의
말씀은 다음과 같은 주님의 말씀을 가리킨다.

דָּבָר (다바르; 대화로 하신 말씀)

אִמְרָתֶךָ (이므라트카; 주님이 선포하신 말씀)

תּוֹרָתְךָ (토라트카; 주의 법, 매뉴얼)

מִשְׁפָּטֶיךָ מֵעוֹלָם (미슈파테이카 베올람; 주의 옛 규례들, 주님이
영원부터 판결하신 판결문들)

חֻקֶּיךָ (후케이카; 주의 율례-우리 정서상 '법이요'라고 말할 때 사용한다)

פִּקּוּדֶיךָ (피쿠데이카; 주의 법도들-주님이 친히 오셔서 차례차례 점검하신 후
내리신 구체적인 법령들)

이러한 뜻을 내포하고 있는 주의 말씀이 시편 기자
자신을 살리셨다고 고백한다. 정리해 보자면 이렇다. '나와
대화하시는 말씀', '나의 유익을 위해 선포해 주신 말씀',
'나의 앞날의 길잡이가 되어 주신 말씀', '올바르신 주님의
영원하신 판결문들인 말씀', '우리가 그 법을 준수해야만
하는 말씀', '주님이 친히 오셔서 살피신 후 내리신 부탁의
말씀'이 고난 중에 있는 나를 살리신다는 뜻이다.

모세는 이스라엘 백성들에게 이렇게 명령하였다.

내가 오늘 명하는 모든 명령을 너희는 지켜 행하라 그리하면
너희가 살고 번성하고 여호와께서 너희의 조상들에게
맹세하신 땅에 들어가서 그것을 차지하리라 네 하나님
여호와께서 이 사십 년 동안에 네게 광야 길을 걷게 하신
것을 기억하라 이는 너를 낮추시며 너를 시험하사 네 마음이

어떠한지 그 명령을 지키는지 지키지 않는지 알려 하심이라
너를 낮추시며 너를 주리게 하시며 또 너도 알지 못하며
네 조상들도 알지 못하던 만나를 네게 먹이신 것은 사람이
떡으로만 사는 것이 아니요 여호와의 입에서 나오는 모든
말씀으로 사는 줄을 네가 알게 하려 하심이니라(신 8:1-3)

앞서 시편 기자는 이미 이렇게 고백하였다.

주여 이제 내가 무엇을 바라리요 나의 소망은 주께
있나이다(시 39:7)

나그네의 고된 삶 가운데서 주님의 이러한 다양한
말씀이 나의 노래가 되길 바란다. 하나님의 말씀이 우리
삶에 풍요로울 때 삶은 복되고 풍성해진다. 우리 기업의
장래가 하나님의 말씀을 사모하고 지키는 것에 달려 있다고
해도 과언이 아니다.

여덟째 단락

57 여호와는 나의 분깃이시니 나는 주의 말씀을 지키리라
하였나이다

58 내가 전심으로 주께 간구하였사오니 주의 말씀대로 내게
은혜를 베푸소서

59 내가 내 행위를 생각하고 주의 증거들을 향하여 내 발길을
돌이켰사오며

60 주의 계명들을 지키기에 신속히 하고 지체하지
아니하였나이다

61 악인들의 줄이 내게 두루 얽혔을지라도 나는 주의 법을
잊지 아니하였나이다

62 내가 주의 의로운 규례들로 말미암아 밤중에 일어나 주께
감사하리이다

63 나는 주를 경외하는 모든 자들과 주의 법도들을 지키는
자들의 친구라

64 여호와여 주의 인자하심이 땅에 충만하였사오니 주의
율례들로 나를 가르치소서

히브리어 여덟 번째 알파벳(ח 헤트)으로 시작한다.

חֶלְקִי 57
חִלִּיתִי 58
חִשַּׁבְתִּי 59
חַשְׁתִּי 60

113

61 חֶבְלֵי

62 חָצּוֹת

63 חָבֵר

64 חַסְדְּךָ

시인은 '여호와는 나의 분깃'(חֶלְקִי 헬키)이라고 고백한다. 모든 소유가 주님의 것임을 고백하고 있는 것이다.

땅과 거기에 충만한 것과 세계와 그 가운데에 사는 자들은 다 여호와의 것이로다(시 24:1)

너희는 나에게 거룩할지어다 이는 나 여호와가 거룩하고 내가 또 너희를 나의 소유로 삼으려고 너희를 만민 중에서 구별하였음이니라(레 20:26)

토지를 영구히 팔지 말 것은 토지는 다 내 것임이니라 너희는 거류민이요 동거하는 자로서 나와 함께 있느니라(레 25:23)

이스라엘 자손 중에서 사람이나 짐승을 막론하고 태에서 처음 난 모든 것은 다 거룩히 구별하여 내게 돌리라 이는 내 것이니라 하시니라(출 13:2)

오직 레위 지파에게는 여호수아가 기업으로 준 것이 없었으니
이는 그에게 말씀하신 것과 같이 이스라엘의 하나님 여호와께
드리는 화제물이 그들의 기업이 되었음이더라(수 13:14)

시인은 분깃 되시는 여호와의 말씀을 지킬 것을
맹세한다. 시인과 같이 마리아도 고백하였다.

대저 하나님의 모든 말씀은 능하지 못하심이 없느니라
마리아가 이르되 주의 여종이오니 말씀대로 내게
이루어지이다 하매 천사가 떠나가니라(눅 1:37-38)

이 단락을 마무리하며 시인은 주님의 인자하심(חֶסֶד
헤쓰데카)을 찬양한다(64절). 하나님의 인자하신 말씀 앞에서
올려진 시인의 고백이 나의 고백이 되기를 원한다.

나의 반석이시요 나의 구속자이신 여호와여 내 입의 말과
마음의 묵상이 주님 앞에 열납되기를 원하나이다(시 19:14)

아홉째 단락

65 여호와여 주의 말씀대로 주의 종을 선대하셨나이다

66 내가 주의 계명들을 믿었사오니 좋은 명철과 지식을 내게
가르치소서
67 고난당하기 전에는 내가 그릇 행하였더니 이제는 주의
말씀을 지키나이다
68 주는 선하사 선을 행하시오니 주의 율례들로 나를
가르치소서
69 교만한 자들이 거짓을 지어 나를 치려 하였사오나 나는
전심으로 주의 법도들을 지키리이다
70 그들의 마음은 살쪄서 기름덩이 같으나 나는 주의 법을
즐거워하나이다
71 고난당한 것이 내게 유익이라 이로 말미암아 내가 주의
율례들을 배우게 되었나이다
72 주의 입의 법이 내게는 천천 금은보다 좋으니이다

히브리어 아홉 번째 알파벳(ט 테트)으로 시작한다.

65 טוֹב

66 טוּב

67 טֶרֶם

68 טוֹב

69 טָפְלוּ

70 שֶׁפֶשׁ

71 טוֹב

72 טוֹב

여호와는 주의 종을 선대하시는 분이시다. 야곱은 고향으로 돌아오면서 이렇게 고백했다.

나는 주께서 주의 종에게 베푸신 모든 은총과 모든 진실하심을 조금도 감당할 수 없사오나 내가 내 지팡이만 가지고 이 요단을 건넜더니 지금은 두 떼나 이루었나이다(창 32:10)

이 단락에서 사용된 히브리어를 살펴보면 다음과 같다.

65절 טוֹב (톱: 선대)

66절 טוֹב (톱: 좋은)

68절 טוֹב (톱: 선하사)

71절 טוֹב (톱: 유익이라)

72절 טוֹב (톱: 좋으니이다)

시편 기자는 또 다른 시편에서 선대하시는 여호와를 이렇게 고백한다.

117

여호와께서는 모든 것을 선대하시며 그 지으신 모든 것에

긍휼을 베푸시는도다(시 145:9)

시인은 67절에서 말씀은 사람으로 하여금 돌이키게
하는 힘을 갖고 있다고 고백한다. 돌이키게 하는 말씀은
다음과 같다.

65절 כִּדְבָרֶךָ (키드바레카; 주의 말씀대로-주님이 대화로 하신 말씀대로)

66절 מִצְוֹתֶיךָ (미쯔보테이카; 주의 계명들-주님의 명령들)

67절 אִמְרָתֶךָ (이므라테카; 주의 말씀-주님의 선언적 말씀)

68절 חֻקֶּיךָ (후케이카; 주의 율례-주님의 구체적인 법령)

69절 פִקּוּדֶיךָ (피쿠데이카; 주의 법도들-주님이 세우신 세부조항의
명령들)

70절 תּוֹרָתֶךָ (토라트카; 주의 법-주님의 지침서, 매뉴얼)

72절 תוֹרַת-פִּיךָ (토랏 피카; 주의 입의 법-주님이 입으로 친히 말씀하신
안내문)

이러한 말씀이 유익하다는 것을 깨달았기에 시인은
이제 주의 말씀을 배우는 사람이 되었다.

고난당한 것이 내게 유익이라 이로 말미암아 내가 주의

율례들을 배우게 되었나이다(71절)

다윗 역시 그렇다. 다윗은 범죄하였으나 선지자 나단의 책망을 듣고 회개하였고, 주의 말씀을 배우는 사람으로 살아갔다.

무릇 나는 내 죄과를 아오니 내 죄가 항상 내 앞에 있나이다
내가 주께만 범죄하여 주의 목전에 악을 행하였사오니
주께서 말씀하실 때에 의로우시다 하고 주께서 심판하실 때에
순전하시다 하리이다(시 51:3-4)

열째 단락

73 주의 손이 나를 만들고 세우셨사오니 내가 깨달아 주의
계명들을 배우게 하소서
74 주를 경외하는 자들이 나를 보고 기뻐하는 것은 내가 주의
말씀을 바라는 까닭이니이다
75 여호와여 내가 알거니와 주의 심판은 의로우시고 주께서
나를 괴롭게 하심은 성실하심 때문이니이다
76 구하오니 주의 종에게 하신 말씀대로 주의 인자하심이
나의 위안이 되게 하시며

77 주의 긍휼히 여기심이 내게 임하사 내가 살게 하소서 주의
법은 나의 즐거움이니이다

78 교만한 자들이 거짓으로 나를 엎드러뜨렸으니 그들이
수치를 당하게 하소서 나는 주의 법도들을 작은 소리로
읊조리리이다

79 주를 경외하는 자들이 내게 돌아오게 하소서 그리하시면
그들이 주의 증거들을 알리이다

80 내 마음으로 주의 율례들에 완전하게 하사 내가 수치를
당하지 아니하게 하소서

히브리어 열 번째 알파벳(י 요드)으로 시작한다.

73 יָדֶיךָ

74 יְרֵאֶיךָ

75 יָדַעְתִּי

76 יְהִי־נָא

77 יְבֹאוּנִי

78 יֵבֹשׁוּ

79 יָשׁוּבוּ

80 יְהִי

본 단락은 다음의 두 단어로 시작하고 끝맺음을 한다.

73절 יָדֶיךָ (야데이카; 주의 손)

주의 손가락으로 만드신 주의 하늘과 주께서 베풀어 두신
달과 별들을 내가 보오니 사람이 무엇이기에 주께서 그를
생각하시며 인자가 무엇이기에 주께서 그를 돌보시나이까
그를 하나님보다 조금 못하게 하시고 영화와 존귀로 관을
씌우셨나이다 주의 손으로 만드신 것을 다스리게 하시고
만물을 그의 발 아래 두셨으니(시 8:3-6)

80절 יֵבֹשׁוּ (예보슈; 그들이 수치를 당하게 하소서)

주를 바라는 자들은 수치를 당하지 아니하려니와 까닭 없이
속이는 자들은 수치를 당하리이다(시 25:3)

시편 기자는 '나를 만들고 세우신 이'가 하나님이라고
고백한다. 시편 139편은 사람을 지으신 하나님을 다음과
같이 기록하고 있다.

주께서 내 내장을 지으시며 나의 모태에서 나를 만드셨나이다

내가 주께 감사하옴은 나를 지으심이 심히 기묘하심이라
주께서 하시는 일이 기이함을 내 영혼이 잘 아나이다 내가
은밀한 데서 지음을 받고 땅의 깊은 곳에서 기이하게 지음을
받은 때에 나의 형체가 주의 앞에 숨겨지지 못하였나이다
내 형질이 이루어지기 전에 주의 눈이 보셨으며 나를
위하여 정한 날이 하루도 되기 전에 주의 책에 다 기록이
되었나이다(시 139:13-16)

하나님은 우리에게 좋은 친구를 허락하시는 분이시다.
우리가 하나님을 경외하는 자들과 어울릴 수 있도록
신앙인을 주변에 주신다.

내 눈이 이 땅의 충성된 자를 살펴 나와 함께 살게 하리니
완전한 길에 행하는 자가 나를 따르리로다(시 101:6)

다윗이 또 맹세하여 이르되 내가 네게 은혜받은 줄을 네
아버지께서 밝히 알고 스스로 이르기를 요나단이 슬퍼할까
두려운즉 그에게 이것을 알리지 아니하리라 함이라 그러나
진실로 여호와의 살아 계심과 네 생명을 두고 맹세하노니 나와
죽음의 사이는 한 걸음 뿐이니라(삼상 20:3)

주님의 심판은 의롭다. 주님의 말씀은 언제나 의로우신 말씀이다.

여호와께서 사람에게 그의 공의와 신실을 따라 갚으시리니
이는 여호와께서 오늘 왕을 내 손에 넘기셨으되 나는
손을 들어 여호와의 기름 부음을 받은 자 치기를 원하지
아니하였음이니이다 오늘 왕의 생명을 내가 중히 여긴 것 같이
내 생명을 여호와께서 중히 여기셔서 모든 환난에서 나를
구하여 내시기를 바라나이다 하니라 (삼상 26:23-24)

의로운 심판을 하시는 의로우신 주님은 우리를
사랑하기에 때리신다.

너는 사람이 그 아들을 징계함 같이 네 하나님 여호와께서
너를 징계하시는 줄 마음에 생각하고 네 하나님 여호와의
명령을 지켜 그의 길을 따라가며 그를 경외할지니라 (신 8:5-6)

매를 아끼는 자는 그의 자식을 미워함이라 자식을 사랑하는
자는 근실히 징계하느니라 (잠 13:24)

주께서 그 사랑하시는 자를 징계하시고 그가 받아들이시는

아들마다 채찍질하심이라 하였으니(히 12:6)

열한째 단락

81 나의 영혼이 주의 구원을 사모하기에 피곤하오나 나는
주의 말씀을 바라나이다
82 나의 말이 주께서 언제나 나를 안위하실까 하면서 내 눈이
주의 말씀을 바라기에 피곤하니이다
83 내가 연기 속의 가죽 부대 같이 되었으나 주의 율례들을
잊지 아니하나이다
84 주의 종의 날이 얼마나 되나이까 나를 핍박하는 자들을
주께서 언제나 심판하시리이까
85 주의 법을 따르지 아니하는 교만한 자들이 나를 해하려고
웅덩이를 팠나이다
86 주의 모든 계명들은 신실하니이다 그들이 이유 없이 나를
핍박하오니 나를 도우소서
87 그들이 나를 세상에서 거의 멸하였으나 나는 주의
법도들을 버리지 아니하였사오니
88 주의 인자하심을 따라 나를 살아나게 하소서 그리하시면
주의 입의 교훈들을 내가 지키리이다

히브리어 열한 번째 알파벳(כ 카프)으로 시작한다.

81 כָּלְתָה

82 כָּלוּ

83 כִּי

84 כַּמָּה

85 כָּרוּ

86 כָל

87 כִּמְעַט

88 כְּחַסְדְּךָ

81절 피곤하오나(כָּלְתָה 칼타)

82절 피곤하니이다(כלו 칼루)

'피곤하다'로 번역된 히브리어 '칼라'의 뜻은
'끝났다'라는 뜻이다. 룻기에도 히브리어 '칼라'가 사용되고
있다.

말론(병든 자)과 기룐(끝난 자) 두 사람이 다 죽고 그 여인은 두
아들과 남편의 뒤에 남았더라(룻 1:5)

시인은 주님의 말씀을 사모하고 있다고 고백한다.
시인이 사모하는 주의 말씀은 다음과 같다.

81절 דְּבָרֶךָ (드바레카; 주님이 대화로 하신 말씀)

82절 אִמְרָתֶךָ (이므라테카; 주님이 선언하신 말씀)

83절 חֻקֶּיךָ (후케이카; 주의 율례)

84절 מִשְׁפָּט (미슈파트; 심판)

85절 תוֹרָתֶךָ (토라트카; 주의 법)

86절 כָּל־מִצְוֹתֶיךָ (콜 미쯔보테이카; 주의 모든 계명들)

87절 פִקּוּדֶיךָ (피쿠데이카; 주의 법도들)

88절 עֵדוּת פִּיךָ (에돗 피카; 주의 입의 교훈들)

랍비 메나헴 메이리는 '주의 말씀 안에서는 약속이
존재한다'고 말했다. 시인이 사모하는 주의 말씀, 우리가
사모하는 주의 말씀 안에는 주님의 약속이 담겨 있다.

예수께서 열두 제자에게 이르시되 너희도 가려느냐 시몬
베드로가 대답하되 주여 영생의 말씀이 주께 있사오니 우리가
누구에게로 가오리이까 우리가 주는 하나님의 거룩하신
자이신 줄 믿고 알았사옵나이다(요 6:67-69)

하지만 약속을 담고 있는 주님의 말씀이 없을 때 절망이 생긴다.

나의 말이 곧 기록되었으면, 책에 씌어졌으면, 철필과 납으로
영원히 돌에 새겨졌으면 좋겠노라 내가 알기에는 나의
대속자가 살아 계시니 마침내 그가 땅 위에 서실 것이라 내
가죽이 벗김을 당한 뒤에도 내가 육체 밖에서 하나님을 보리라
내가 그를 보리니 내 눈으로 그를 보기를 낯선 사람처럼 하지
않을 것이라 내 마음이 초조하구나(욥 19:23-27)

여호와께서 이르시되 나의 영이 영원히 사람과 함께 하지
아니하리니 이는 그들이 육신이 됨이라 그러나 그들의 날은
백이십 년이 되리라 하시니라(창 6:3)

네가 흙으로 돌아갈 때까지 얼굴에 땀을 흘려야 먹을 것을
먹으리니 네가 그것에서 취함을 입었음이라 너는 흙이니
흙으로 돌아갈 것이니라 하시니라(창 3:19)

이름을 노아라 하여 이르되 여호와께서 땅을 저주
하시므로 수고롭게 일하는 우리를 이 아들이 안위하리라
하였더라(창 5:29)

그리스도의 고난이 우리에게 넘친 것 같이 우리가 받는 위로도
그리스도로 말미암아 넘치는도다(고후 1:5)

열두째 단락

89 여호와여 주의 말씀은 영원히 하늘에 굳게 섰사오며
90 주의 성실하심은 대대에 이르나이다 주께서 땅을
세우셨으므로 땅이 항상 있사오니
91 천지가 주의 규례들대로 오늘까지 있음은 만물이 주의
종이 된 까닭이니이다
92 주의 법이 나의 즐거움이 되지 아니하였더면 내가 내 고난
중에 멸망하였으리이다
93 내가 주의 법도들을 영원히 잊지 아니하오니 주께서
이것들 때문에 나를 살게 하심이니이다
94 나는 주의 것이오니 나를 구원하소서 내가 주의
법도들만을 찾았나이다
95 악인들이 나를 멸하려고 엿보오나 나는 주의 증거들만을
생각하겠나이다
96 내가 보니 모든 완전한 것이 다 끝이 있어도 주의 계명들은
심히 넓으니이다

히브리어 열두 번째 알파벳(ל 라메드)으로 시작한다.

89 לְעוֹלָם
90 לְדֹר
91 לְמִשְׁפָּטֶיךָ
92 לוּלֵי
93 לְעוֹלָם
94 לְךָ
95 לִי
96 לְכָל

94절 나는 주의 것이오니(לְךָ־אֲנִי 레카 아니)

시인은 자신이 주의 것임을 고백하고 있다. 천지에 있는 모든 것이 주께 속했고, 우리 자신 역시 주님께 속했다.

여호와여 위대하심과 권능과 영광과 승리와 위엄이 다 주께 속하였사오니 천지에 있는 것이 다 주의 것이로소이다 여호와여 주권도 주께 속하였사오니 주는 높으사 만물의 머리이심이니이다 부와 귀가 주께로 말미암고 또 주는 만물의 주재가 되사 손에 권세와 능력이 있사오니 모든 사람을 크게

하심과 강하게 하심이 주의 손에 있나이다(대상 29:11-12)

우리가 살아도 주를 위하여 살고 죽어도 주를 위하여 죽나니
그러므로 사나 죽으나 우리가 주의 것이로다(롬 14:8)

시인은 주의 말씀이 영원히 하늘에 굳게 섰음을
노래한다. 우리 주님의 말씀은 영원히 존재한다.

천지는 없어지겠으나 내 말은 없어지지 아니하리라(눅 21:33)

89절 דְּבָרְךָ (드바레카; 주의 말씀)

90절 אֱמוּנָתְךָ (에무나테카; 주의 성실하심)

91절 לְמִשְׁפָּטֶיךָ (레미슈파테이카; 주의 규례들대로)

92절 תוֹרָתֶךָ (토랏트카; 주의 법)

93절 פִקּוּדֶיךָ (피쿠데이카; 주의 법도들)

95 עֵדֹתֶיךָ (에돗테이카; 주의 증거들)

98절 מִצְוֺתֶךָ (미쯔봇트카; 주의 계명들)

우리 주님의 말씀이 영원한 것은 말씀하신 우리 주님이
영원하신 분이시기 때문이다.

89절 לְעוֹלָם (레올람; 영원히)

주 하나님이 이르시되 나는 알파와 오메가라 이제도 있고
전에도 있었고 장차 올 자요 전능한 자라 하시더라(계 1:8)

영원하신 주님의 말씀이 우리를 세우셨다.

내가 고통 중에 여호와께 부르짖었더니 여호와께서
응답하시고 나를 넓은 곳에 세우셨도다(시 118:5)

열셋째 단락

97 내가 주의 법을 어찌 그리 사랑하는지요 내가 그것을 종일
작은 소리로 읊조리나이다
98 주의 계명들이 항상 나와 함께 하므로 그것들이 나를
원수보다 지혜롭게 하나이다
99 내가 주의 증거들을 늘 읊조리므로 나의 명철함이 나의
모든 스승보다 나으며
100 주의 법도들을 지키므로 나의 명철함이 노인보다
나으니이다
101 내가 주의 말씀을 지키려고 발을 금하여 모든 악한 길로

가지 아니하였사오며

102 주께서 나를 가르치셨으므로 내가 주의 규례들에서
떠나지 아니하였나이다

103 주의 말씀의 맛이 내게 어찌 그리 단지요 내 입에 꿀보다
더 다니이다

104 주의 법도들로 말미암아 내가 명철하게 되었으므로 모든
거짓 행위를 미워하나이다

히브리어 열세 번째 알파벳(מ 멤)으로 시작한다.

97 מָה

98 מֵאֹיְבַי

99 מִכָּל

100 מִזְּקֵנִים

101 מִכָּל

102 מִמִּשְׁפָּטֶיךָ

103 מַה

104 מִפִּקּוּדֶיךָ

시인은 주님의 말씀을 사랑하고, 주님의 말씀을 최고의
위치에 놓는다. 이것은 말씀의 중요성을 받아들이고 소중히

여기는 행위이다.

97절 תּוֹרָתֶךָ (토라테카; 주의 법)

98절 מִצְוֹתֶךָ (미쯔보테카; 주의 계명들)

99절 עֵדְוֹתֶיךָ (에돗테이카; 주의 증거들)

100절 פִּקּוּדֶיךָ (피쿠데이카; 주의 법도들)

101절 דְּבָרֶךָ (드바레카; 주의 말씀)

102절 מִשְׁפָּטֶיךָ (미슈파테이카; 주의 규례들)

103절 אִמְרָתֶךָ (이므라테카; 주의 말씀)

104절 פִּקּוּדֶיךָ (피쿠데이카; 주의 법도들)

말씀을 사랑할 때 말씀이 주는 유익은 무엇인가?

99절 מִכָּל־מְלַמְּדַי (미콜 멜람다이; 나의 모든 스승보다)
스승보다 더 나은 지혜를 얻고,

100절 מִזְּקֵנִים (미즈케님; 노인보다)
인생을 오래 산 사람보다 더 명철한 사람이 되며,

98절 מֵאֹיְבַי (메오예바이; 원수보다)
원수보다 더 지혜롭게 된다.

하나님의 말씀은 공부해서 얻을 수 있는 것이 아니다. 인생을 오래 살며 습득할 수 있는 경험은 더더욱 아니다. 하나님은 말씀을 사모하는 자에게 하늘의 선물을 풍성하게 내리신다. 그러니 어찌 주님의 말씀을 사랑하지 않으리요!

열넷째 단락

105 주의 말씀은 내 발에 등이요 내 길에 빛이니이다

106 주의 의로운 규례들을 지키기로 맹세하고 굳게 정하였나이다

107 나의 고난이 매우 심하오니 여호와여 주의 말씀대로 나를 살아나게 하소서

108 여호와여 구하오니 내 입이 드리는 자원제물을 받으시고 주의 공의를 내게 가르치소서

109 나의 생명이 항상 위기에 있사오나 나는 주의 법을 잊지 아니하나이다

110 악인들이 나를 해하려고 올무를 놓았사오나 나는 주의 법도들에서 떠나지 아니하였나이다

111 주의 증거들로 내가 영원히 나의 기업을 삼았사오니 이는 내 마음의 즐거움이 됨이니이다

112 내가 주의 율례들을 영원히 행하려고 내 마음을

기울였나이다

히브리어 열네 번째 알파벳(נ 눈)으로 시작한다.

105 נֵר

106 נִשְׁבַּעְתִּי

107 נַעֲנֵיתִי

108 נִדְבוֹת

109 נַפְשִׁי

110 נָתְנוּ

111 נָחַלְתִּי

112 נָטִיתִי

시인이 말하는 '등'과 '빛'이 되는 말씀은 어떤 말씀인가?

106절 מִשְׁפְּטֵי צִדְקֶךָ (미슈페테이 찌드케카: 주의 의로운 규례들)

107절 כִדְבָרֶךָ (키드바레카: 주의 말씀대로)

108절 מִשְׁפָּטֶיךָ (미슈파테이카: 주의 공의)

109절 תוֹרָתְךָ (토라트카: 주의 법)

110절 פִקּוּדֶיךָ (피쿠데이카: 주의 법도들)

111절 עֵדוֹתֶיךָ (에돗테이카; 주의 증거들)

112절 חֻקֶּיךָ (훅케이카; 주의 율례)

여호와여 내가 알거니와 사람의 길이 자신에게 있지 아니하니
걸음을 지도함이 걷는 자에게 있지 아니하니이다(렘 10:23)

주님의 말씀이 명확하고 밝게 우리의 길을 비추어
주시기 때문에 우리는 실족할 염려가 전혀 없다.

나의 갈 길 다가도록 예수 인도하시니
내 주 안에 있는 긍휼 어찌 의심하리요
믿음으로 사는 자는 하늘 위로 받겠네
무슨 일을 만나든지 만사형통하리라
무슨 일을 만나든지 만사 형통하리라 (F. J. Crosby 1875)

때론 극심한 고난에 처할지도 모른다. 사망의 음침한
골짜기를 걷고 있는 것처럼 느껴질 수도 있다. 그러나
말씀과 함께하면 모든 시련과 고난을 극복해 낼 넉넉한
힘을 공급받을 것이다. 세상에 의지할 것 없는 상황에
놓이더라도 주님의 말씀을 기업으로 삼아 거친 세상을 힘
있게 살아가자.

나는 선한 싸움을 싸우고 나의 달려갈 길을 마치고
믿음을 지켰으니 이제 후로는 나를 위하여 의의 면류관이
예비되었으므로 주 곧 의로우신 재판장이 그 날에 내게
주실 것이며 내게만 아니라 주의 나타나심을 사모하는 모든
자에게도니라(딤후 4:7-8)

열다섯째 단락

113 내가 두 마음 품는 자들을 미워하고 주의 법을
사랑하나이다
114 주는 나의 은신처요 방패시라 내가 주의 말씀을
바라나이다
115 너희 행악자들이여 나를 떠날지어다 나는 내 하나님의
계명들을 지키리로다
116 주의 말씀대로 나를 붙들어 살게 하시고 내 소망이
부끄럽지 않게 하소서
117 나를 붙드소서 그리하시면 내가 구원을 얻고 주의
율례들에 항상 주의하리이다
118 주의 율례들에서 떠나는 자는 주께서 다 멸시하셨으니
그들의 속임수는 허무함이니이다
119 주께서 세상의 모든 악인들을 찌꺼기 같이 버리시니

그러므로 내가 주의 증거들을 사랑하나이다

120 내 육체가 주를 두려워함으로 떨며 내가 또 주의 심판을
두려워하나이다

히브리어 열다섯 번째 알파벳(ס 싸멕)으로 시작한다.

113סֵעֲפִים

114סִתְרִי

115סוֹרֲג

116סָמְכֵנִי

117סְעָדֵנִי

118סָלִיתָ

119סִגִים

120סָמַר

성경은 두 마음에 대해 경고한다.

113절 סֵעֲפִים (쎄아핌; 내가 두 마음 품는 자들)

엘리야가 모든 백성에게 가까이 나아가 이르되 너희가
어느 때까지 둘 사이에서 머뭇머뭇 하려느냐 여호와가

만일 하나님이면 그를 따르고 바알이 만일 하나님이면
그를 따를지니라 하니 백성이 말 한마디도 대답하지
아니하는지라(왕상 18:21)

그러므로 이제는 여호와를 경외하며 온전함과 진실함으로
그를 섬기라 너희의 조상들이 강 저쪽과 애굽에서 섬기던
신들을 치워 버리고 여호와만 섬기라 만일 여호와를 섬기는
것이 너희에게 좋지 않게 보이거든 너희 조상들이 강 저쪽에서
섬기던 신들이든지 또는 너희가 거주하는 땅에 있는 아모리
족속의 신들이든지 너희가 섬길 자를 오늘 택하라 오직 나와
내 집은 여호와를 섬기겠노라 하니(수 24:14-15)

한 사람이 두 주인을 섬기지 못할 것이니 혹 이를 미워하고
저를 사랑하거나 혹 이를 중히 여기고 저를 경히 여김이라
너희가 하나님과 재물을 겸하여 섬기지 못하느니라(마 6:24)

주님은 우리의 은신처이시다. 시인은 은신처 되시는
주님의 법을 사랑한다.

113절 תּוֹרָתֶךָ(토라트카: 주의 법)
114절 סִתְרִי (씨트리: 나의 은신처)

114절 דְּבָרֶךָ (드바레카; 주의 말씀)

115절 מִצְוֹת אֱלֹהָי (미쯔봇 엘로하이; 내 하나님의 계명들)

116절 אִמְרָתֶךָ (이므라트카; 주의 말씀)

117절 חֻקֶּיךָ (후케이카; 주의 율례들)

119절 עֵדֹתֶיךָ (에돗테이카; 주의 증거들)

120절 מִשְׁפָּטֶיךָ (미슈파테이카; 주의 심판-108절에서는 주의 공의로

번역한다)

신명기 말씀은 이렇게 명한다.

너는 마음을 다하고 뜻을 다하고 힘을 다하여 네 하나님

여호와를 사랑하라 (신 6:5)

따라서 우리는 약속의 말씀을 신뢰한다.

내가 너희에게 분부한 모든 것을 가르쳐 지키게 하라

볼지어다 내가 세상 끝날까지 너희와 항상 함께 있으리라

하시니라 (마 28:20)

그리고 주님을 두려워한다.

이 집에는 나보다 큰 이가 없으며 주인이 아무것도 내게
금하지 아니하였어도 금한 것은 당신뿐이니 당신은 그의
아내임이라 그런즉 내가 어찌 이 큰 악을 행하여 하나님께
죄를 지으리이까(창 39:9)

그리고 방패이신 주님을 의지하고 고백한다.

여호와는 나의 반석이시요 나의 요새시요 나를 건지시는
이시요 나의 하나님이시요 내가 그 안에 피할 나의
바위시요 나의 방패시요 나의 구원의 뿔이시요 나의
산성이시로다(시 18:2)

열여섯째 단락

121 내가 정의와 공의를 행하였사오니 나를 박해하는
자들에게 나를 넘기지 마옵소서
122 주의 종을 보증하사 복을 얻게 하시고 교만한 자들이 나를
박해하지 못하게 하소서
123 내 눈이 주의 구원과 주의 의로운 말씀을 사모하기에
피곤하니이다
124 주의 인자하심대로 주의 종에게 행하사 내게 주의

율례들을 가르치소서

125 나는 주의 종이오니 나를 깨닫게 하사 주의 증거들을 알게
하소서

126 그들이 주의 법을 폐하였사오니 지금은 여호와께서
일하실 때니이다

127 그러므로 내가 주의 계명들을 금 곧 순금보다 더
사랑하나이다

128 그러므로 내가 범사에 모든 주의 법도들을 바르게 여기고
모든 거짓 행위를 미워하나이다

히브리어 열여섯 번째 단어(ע 아인)로 시작한다.

עָשִׂיתִי 121

עָרֹב 122

עֵינַי 123

עֲשֵׂה 124

עַבְדְּךָ 125

עֵת 126

עַל־כֵּן 127

עַל־כֵּן 128

시편 기자는 정의와 공의를 행하는 삶을 살아간다.
이것이 신앙인이 살아가야 할 모습이다.

121절 מִשְׁפָּט וָצֶדֶק (미슈파트 바쩨덱; 정의와 공의)

123절 אִמְרַת צִדְקֶךָ (이므랏 쩌드케카; 주의 의로운 말씀)

오직 정의를 물 같이, 공의를 마르지 않는 강 같이 흐르게
할지어다(암 5:24)

사람아 주께서 선한 것이 무엇임을 네게 보이셨나니
여호와께서 네게 구하시는 것은 오직 정의를 행하며
인자를 사랑하며 겸손하게 네 하나님과 함께 행하는 것이
아니냐(미 6:8)

또한 신앙인은 주님의 계명을 소중하게 여기며
살아가야 한다.

124절 חֻקֶּיךָ (훅케이카; 주의 율례)

125절 עֵדֹתֶיךָ (에돗테이카; 주의 증거들)

126절 תּוֹרָתֶךָ (토라테카; 주의 법)

127절 מִצְוֹתֶיךָ (미쯔보테이카; 주의 계명들)

128절 כָּל-פְּקוּדֵי כֹל (콜 피쿠데이 콜: 범사에 모든 주의 법도들)

나 여호와가 말하노라 내 손이 이 모든 것을 지었으므로
그들이 생겼느니라 무릇 마음이 가난하고 심령에 통회하며 내
말을 듣고 떠는 자 그 사람은 내가 돌보려니와(사 66:2)

모세가 백성에게 이르되 너희는 두려워하지 말고 가만히 서서
여호와께서 오늘 너희를 위하여 행하시는 구원을 보라
너희가 오늘 본 애굽 사람을 영원히 다시 보지 아니하리라
여호와께서 너희를 위하여 싸우시리니 너희는 가만히
있을지니라(출 14:13-14)

마지막으로 신앙인은 선한 청지기의 삶을 살아야 한다.

예수께서 이르시되 그러므로 천국의 제자된 서기관마다
마치 새것과 옛것을 그 곳간에서 내오는 집주인과
같으니라(마 13:52)

충성된 사자는 그를 보낸 이에게 마치 추수하는 날에 얼음냉수
같아서 능히 그 주인의 마음을 시원하게 하느니라(잠 25:13)

예수께서 그들에게 이르시되 내 아버지께서 이제까지
일하시니 나도 일한다 하시매(요 5:17)

열일곱째 단락

129 주의 증거들은 놀라우므로 내 영혼이 이를 지키나이다

130 주의 말씀을 열면 빛이 비치어 우둔한 사람들을 깨닫게
하나이다

131 내가 주의 계명들을 사모하므로 내가 입을 열고
헐떡였나이다

132 주의 이름을 사랑하는 자들에게 베푸시던 대로 내게
돌이키사 내게 은혜를 베푸소서

133 나의 발걸음을 주의 말씀에 굳게 세우시고 어떤 죄악도
나를 주관하지 못하게 하소서

134 사람의 박해에서 나를 구원하소서 그리하시면 내가 주의
법도들을 지키리이다

135 주의 얼굴을 주의 종에게 비추시고 주의 율례로 나를
가르치소서

136 그들이 주의 법을 지키지 아니하므로 내 눈물이 시냇물
같이 흐르나이다

히브리어 열일곱 번째 알파벳(פ페)으로 시작한다.

129 פִּלְאוֹת

130 פֵּתַח

131 פִּי־פָעַרְתִּי

132 פְּנֵה

133 פְּעָמַי

134 פְּדֵנִי

135 פָּנֶיךָ

136 פַּלְגֵי־מַיִם

129절 פִּלְאוֹת (펠라옷: 놀라우므로)

본 단락은 놀라움으로 시작한다. 무엇에 놀라워하는
것일까?

여호와의 사자가 그에게 이르되 어찌하여 내 이름을 묻느냐 내
이름은 기묘자라 하니라(삿 13:18)

이는 한 아기가 우리에게 났고 한 아들을 우리에게 주신
바 되었는데 그의 어깨에는 정사를 메었고 그의 이름은

기묘자(펠레)라 모사라 전능하신 하나님이라, 영존하시는
아버지라 평강의 왕이라 할 것임이라(사 9:6)

시인이 놀라워하는 주님의 말씀은 다음과 같다.

129절 עֵדְוֹתֶיךָ (에도테이카; 주의 증거들)

130절 דְּבָרֶיךָ (드바레이카; 주의 말씀)

131절 מִצְוֹתֶיךָ (미쯔보테이카; 주의 계명들)

133절 בְאִמְרָתֶךָ (베이므라테카; 주의 말씀에)

134절 פִּקּוּדֶיךָ (피쿠데이카; 주의 법도)

135절 חֻקֶּיךָ (훅케이카; 주의 율례)

136절 תוֹרָתֶךָ (토라테카; 주의 법)

  우연히 밭에 숨겨진 보석을 발견했을 때처럼 주님의
말씀이 우리 눈과 귀, 마음에 들어올 때 감격하게 된다.
그렇다면 감격스러운 주님의 지혜를 어디에서 얻을 수
있는가? 예루살렘 히브리대학? 영국 옥스퍼드대학? 미국
하버드대학? 도서관 장서 안?
  이러한 곳에서 세상 지식을 쌓을 수 있고, 지식을
쌓고 쌓아 현자라고 불릴 수 있겠지만 참된 주님의 말씀은
그곳에 있지 않다. 주님의 참된 지혜는 주의 말씀 안에

감추어져 있다.

여호와 나의 하나님이여 주께서 행하신 기적이 많고 우리를
향하신 주의 생각도 많아 누구도 주와 견줄 수가 없나이다
내가 널리 알려 말하고자 하나 너무 많아 그 수를 셀 수도
없나이다(시 40:5)

열여덟째 단락

137 여호와여 주는 의로우시고 주의 판단은 옳으니이다
138 주께서 명령하신 증거들은 의롭고 지극히 성실하나이다
139 내 대적들이 주의 말씀을 잊어버렸으므로 내 열정이 나를
삼켰나이다
140 주의 말씀이 심히 순수하므로 주의 종이 이를
사랑하나이다
141 내가 미천하여 멸시를 당하나 주의 법도를 잊지
아니하였나이다
142 주의 의는 영원한 의요 주의 율법은 진리로소이다
143 환난과 우환이 내게 미쳤으나 주의 계명은 나의
즐거움이니이다
144 주의 증거들은 영원히 의로우시니 나로 하여금 깨닫게

히브리어 열여덟 번째 알파벳(צ 짜딕)으로 시작한다.

צַדִּיק 137

צִוִּיתָ 138

צִמַּתַתְנִי 139

צְרוּפָה 140

צָעִיר 141

צִדְקָתְךָ 142

צַר 143

צֶדֶק 144

צַדִּיק (짜딕; 의로우시고)

주님은 의로우신 분이시니 의로우신 분의 증언도
의롭지 않겠는가!

137절 צִדְקָתְךָ (찌드카트카; 주의 의)

137절 מִשְׁפָּטֶיךָ (미슈파테이카; 주의 판단)

안타깝게도 우리 주변에는 솔로몬과 같은 현명한 재판장이 많지 않다. 누가복음 18장의 불의한 재판장이 많은 이 세상에서 우리가 기댈 곳은 하늘 법정이다.

하늘에 계신 이가 웃으심이여 주께서 그들을 비웃으시리로다
그 때에 분을 발하며 진노하사 그들을 놀라게 하여 이르시기를
내가 나의 왕을 내 거룩한 산 시온에 세웠다 하시리로다
내가 여호와의 명령을 전하노라 여호와께서 내게 이르시되
너는 내 아들이라 오늘 내가 너를 낳았도다 내게 구하라
내가 이방 나라를 네 유업으로 주리니 네 소유가 땅 끝까지
이르리로다 네가 철장으로 그들을 깨뜨림이여 질그릇 같이
부수리라 하시도다 그런즉 군왕들아 너희는 지혜를 얻으며
세상의 재판관들아 너희는 교훈을 받을지어다 여호와를
경외함으로 섬기고 떨며 즐거워할지어다 그의 아들에게
입맞추라 그렇지 아니하면 진노하심으로 너희가 길에서
망하리니 그의 진노가 급하심이라 여호와께 피하는 모든
사람은 다 복이 있도다(시 2:4-12)

그렇기 때문에 시인은 순수한 주의 말씀을 사랑한다고 고백한다. 우리도 시인과 같은 고백을 드릴 수 있다.

그러나 내가 가는 길을 *그가* 아시나니 *그가* 나를 단련하신
후에는 내가 순금 같이 되어 나오리라(욥 23:10)

인생 가운데 환난과 고통을 당할지라도 믿음의 흔들림
없이 순전한 주의 말씀을 사모하며 의지하자.

열아홉째 단락

145 여호와여 내가 전심으로 부르짖었사오니 내게
응답하소서 내가 주의 교훈들을 지키리이다
146 내가 주께 부르짖었사오니 나를 구원하소서 내가 주의
증거들을 지키리이다
147 내가 날이 밝기 전에 부르짖으며 주의 말씀을 바랐사오며
148 주의 말씀을 조용히 읊조리려고 내가 새벽녘에 눈을
떴나이다
149 주의 인자하심을 따라 내 소리를 들으소서 여호와여 주의
규례들을 따라 나를 살리소서
150 악을 따르는 자들이 가까이 왔사오니 그들은 주의 법에서
머니이다
151 여호와여 주께서 가까이 계시오니 주의 모든 계명들은
진리니이다

152 내가 전부터 주의 증거들을 알고 있었으므로 주께서
영원히 세우신 것인 줄을 알았나이다

히브리어 열아홉 번째 알파벳(ק 코프)으로 시작한다.

142 קָרָאתִי

146 קְרָאתִיךָ

147 קִדַּמְתִּי

148 קִדְּמוּ

149 קוֹלִי

150 קָרְבוּ

151 קָרוֹב

152 קֶדֶם

시인은 주의 교훈과 주의 증거를 지키겠다고 서원한다.
시인이 지키겠다고 선언하는 말씀들은 다음과 같다.

145절 חֻקֶּיךָ (훅케이카: 주의 교훈들-구체적 법령)

146절 עֵדֹתֶיךָ (에돗테이카: 주의 증거들)

149절 תוֹרָתְךָ (토라트카: 주의 규례들-매뉴얼)

151절 כָל־מִצְוֹתֶיךָ (콜 미쯔보테이카: 주의 모든 계명)

시인은 하나님 앞에 전심으로 부르짖었다.

145절 קָרָאתִי (카라티; 부르짖었사오니-기도하오니)

146절 קְרָאתִיךָ (크라아티카; 내가 주께 부르짖었사오니)

시인은 언제 부르짖었을까? 날이 밝기 전 부르짖으며
주님의 말씀을 바랐다고 하고 있다.

147절 קִדַּמְתִּי (키담티; 내가 날이 밝기 전에)

시인은 날이 밝기 전 전심으로 하나님께 부르짖었다.
이처럼 하나님이 원하시는 마음은 전심을 다하는 마음이다.
마음을 다하고 뜻을 다하고 성품을 다하여 주님을 사랑하는
것, 온 마음과 정성을 다해 주님의 말씀을 배우고 따르려는
마음을 주님은 사랑하신다.

나의 반석이시요 나의 구속자이신 여호와여 내 입의 말과
마음의 묵상이 주님 앞에 열납되기를 원하나이다(시 19:14)

내가 두 가지 일을 주께 구하였사오니 내가 죽기 전에 내게
거절하지 마시옵소서 곧 헛된 것과 거짓말을 내게서 멀리

하옵시며 나를 가난하게도 마옵시고 부하게도 마옵시고
오직 필요한 양식으로 나를 먹이시옵소서 혹 내가 배불러서
하나님을 모른다 여호와가 누구냐 할까 하오며 혹 내가
가난하여 도둑질하고 내 하나님의 이름을 욕되게 할까
두려워함이니이다(잠 30:7-9)

스무째 단락

153 나의 고난을 보시고 나를 건지소서 내가 주의 율법을 잊지
아니함이니이다
154 주께서 나를 변호하시고 나를 구하사 주의 말씀대로 나를
살리소서
155 구원이 악인들에게서 멀어짐은 그들이 주의 율례들을
구하지 아니함이니이다
156 여호와여 주의 긍휼이 많으오니 주의 규례들에 따라 나를
살리소서
157 나를 핍박하는 자들과 나의 대적들이 많으나 나는 주의
증거들에서 떠나지 아니하였나이다
158 주의 말씀을 지키지 아니하는 거짓된 자들을 내가 보고
슬퍼하였나이다
159 내가 주의 법도들을 사랑함을 보옵소서 여호와여 주의

인자하심을 따라 나를 살리소서

160 주의 말씀의 강령은 진리이오니 주의 의로운 모든

규례들은 영원하리이다

히브리어 스무 번째 알파벳(ר 레쉬)으로 시작한다.

153 רְאֵה

154 רִיבָה

155 רָחוֹק

156 רַחֲמֶיךָ

157 רַבִּים

158 רָאִיתִי

159 רְאֵה

160 רֹאשׁ

רְאֵה־עָנְיִי (그에-온이; 나의 고난을 보시고)

고난으로 번역한 '온이'의 원뜻은 가난이다. 가난은
고난이지만, 주님은 가난한 자가 복이 있다고 말씀하신다.
왜일까? 가난한 심령 가운데 하나님 나라가 채워지기
때문이다.

주의 율법을 잊지 아니함이니이다(153절)

시인은 가난한 가운데서도 주님의 율법을 잊지
않았다고 고백한다. 고난 가운데서 주님의 말씀을 기억함이
얼마나 아름다운가!

160절 חֻקֵּיךָ (훅케이카; 강령-지켜야 할 법령)

시인은 주의 말씀을 강령으로 여기고 지키고자 한다.
라쉬는 이렇게 말했다. '하나님이 말씀하신 것이 도달하는
정거장은 진리임이 과정 중에 증명이 된다. 말씀의 머리
되심이 바로 진리임을 감사하라.'
우리 하나님은 주님의 율법을 잊지 않는 자, 율례를
구하는 자, 법도를 사랑하여 준수하는 자를 변호하시고
인자와 긍휼을 베푸신다.

스물한째 단락

161 고관들이 거짓으로 나를 핍박하오나 나의 마음은 주의
말씀만 경외하나이다
162 사람이 많은 탈취물을 얻은 것처럼 나는 주의 말씀을

즐거워하나이다

163 나는 거짓을 미워하며 싫어하고 주의 율법을
사랑하나이다

164 주의 의로운 규례들로 말미암아 내가 하루 일곱 번씩 주를
찬양하나이다

165 주의 법을 사랑하는 자에게는 큰 평안이 있으니 그들에게
장애물이 없으리이다

166 여호와여 내가 주의 구원을 바라며 주의 계명들을
행하였나이다

167 내 영혼이 주의 증거들을 지켰사오며 내가 이를 지극히
사랑하나이다

168 내가 주의 법도들과 증거들을 지켰사오니 나의 모든
행위가 주 앞에 있음이니이다

히브리어 스물한 번째 알파벳(ש 쉰, שׁ 씬)으로 시작한다.

161 שָׂרִים

162 שָׁשׂ

163 שֶׁקֶר

164 שֶׁבַע

165 שָׁלוֹם

166 שִׂבַּרְתִּי

167 שָׁמְרָה

168 שָׁמַרְתִּי

시인은 고관들이 거짓으로 핍박하는 상황에 놓였다.
여기서 말하는 고관을 사울과 압살롬과 함께 있던
사람들이라고 보기도 한다.[1] 하지만 시인은 주의 말씀만
경외하고, 주의 말씀을 즐거워한다. 여기서 즐거움의
대상은 무엇일까?

사람이 많은 탈취물을 얻은 것처럼 나는 주의 말씀을
즐거워하나이다(162절)

탈취물이란 싸워서 빼앗은 노략물을 의미한다. 이것은
나쁜 행동의 결과로 얻은 것이다. 우리는 주님의 말씀을
지키기 위해 거짓, 불의, 나태함처럼 악한 것과 싸워 얻은
것만을 즐거워해야 한다.

눈물을 흘리며 씨를 뿌리는 자는 기쁨으로 거두리로다 울며

---

1   랍비 라닥(Rabbi David Kimhi, 1160-1235)의 견해로, 그는 이름의 앞 글자만
     따서 Radak이라고 불리며 라쉬와 더불어 대표적인 중세 랍비로 존경받는다.

씨를 뿌리러 나가는 자는 반드시 기쁨으로 그 곡식 단을
가지고 돌아오리로다(시 126:5-6)

오직 여호와의 율법을 즐거워하여 그의 율법을 주야로
묵상하는도다(시 1:2)

164절 שֶׁבַע (쉐바: 일곱 번씩)

주의 의로운 규례들로 말미암아 내가 하루 일곱 번씩 주를
찬양하나이다(164절)

'일곱'은 히브리 개념에서 완전 수이다. 즉 일곱
번이라는 뜻은 '하루 24시간'을 의미한다. 즉 매일, 매 순간
주님을 찬양한다는 뜻이다. 주님의 말씀이 얼마나 귀하고
감사하면 하루 일곱 번, 매일 매 순간 찬송을 드릴까?
온종일 주님을 찬양하자.

165절 שָׁלוֹם (샬롬: 평안)

주의 법을 사랑하는 자에게는 큰 평안이 있으니 그들에게
장애물이 없으리이다(165절)

평안은 '장애물이 없는 상태'를 의미하는데 히브리적 개념에서 장애물은 '사탄'을 의미한다. 165절을 다시 보자면 '사탄의 올무가 없으니 넘어질 염려가 없다'는 뜻이다. 주님의 말씀을 가장 귀한 것으로 여기고 사랑할 때 사탄은 떠나간다.

이 때로부터 예수 그리스도께서 자기가 예루살렘에 올라가 장로들과 대제사장들과 서기관들에게 많은 고난을 받고 죽임을 당하고 제삼일에 살아나야 할 것을 제자들에게 비로소 나타내시니 베드로가 예수를 붙들고 항변하여 이르되 주여 그리 마옵소서 이 일이 결코 주께 미치지 아니하리이다 예수께서 돌이키시며 베드로에게 이르시되 사탄아 내 뒤로 물러 가라 너는 나를 넘어지게 하는 자로다 네가 하나님의 일을 생각하지 아니하고 도리어 사람의 일을 생각하는도다 하시고 이에 예수께서 제자들에게 이르시되 누구든지 나를 따라오려거든 자기를 부인하고 자기 십자가를 지고 나를 따를 것이니라 누구든지 제 목숨을 구원하고자 하면 잃을 것이요 누구든지 나를 위하여 제 목숨을 잃으면 찾으리라 사람이 만일 온 천하를 얻고도 제 목숨을 잃으면 무엇이 유익하리요 사람이 무엇을 주고 제 목숨과 바꾸겠느냐(마 16:21-26)

이러한 장애물이 없기 위해서는 주님의 법을 사랑해야
한다.

168절 **פִּקּוּדֶיךָ וְעֵדֹתֶיךָ** (피쿠데이카 배에돗테이카: 주의 법도들과
증거-찾아오셔서 지켜야 할 것들의 목록을 작성하셨고 주님이 친히 행하신 말씀)

여호와의 사자가 하늘에서부터 그를 불러 이르시되

아브라함아 아브라함아 하시는지라 아브라함이 이르되

내가 여기 있나이다 하매 사자가 이르시되 그 아이에게 네

손을 대지 말라 그에게 아무 일도 하지 말라 네가 네 아들

네 독자까지도 내게 아끼지 아니하였으니 내가 이제야

네가 하나님을 경외하는 줄을 아노라 아브라함이 눈을 들어

살펴본즉 한 숫양이 뒤에 있는데 뿔이 수풀에 걸려 있는지라

아브라함이 가서 그 숫양을 가져다가 아들을 대신하여 번제로

드렸더라 아브라함이 그 땅 이름을 여호와 이레라 하였으므로

오늘날까지 사람들이 이르기를 여호와의 산에서 준비되리라

하더라 (창 22:11-14)

우리는 하나님 아버지를 사랑하는 자이기 때문에
주님께서 친히 하신 말씀을 사랑하고 경외한다.

스물두째 단락

169 여호와여 나의 부르짖음이 주의 앞에 이르게 하시고 주의
말씀대로 나를 깨닫게 하소서

170 나의 간구가 주의 앞에 이르게 하시고 주의 말씀대로 나를
건지소서

171 주께서 율례를 내게 가르치시므로 내 입술이 주를
찬양하리이다

172 주의 모든 계명들이 의로우므로 내 혀가 주의 말씀을
노래하리이다

173 내가 주의 법도들을 택하였사오니 주의 손이 항상 나의
도움이 되게 하소서

174 여호와여 내가 주의 구원을 사모하였사오며 주의 율법을
즐거워하나이다

175 내 영혼을 살게 하소서 그리하시면 주를 찬송하리이다
주의 규례들이 나를 돕게 하소서

176 잃은 양 같이 내가 방황하오니 주의 종을 찾으소서 내가
주의 계명들을 잊지 아니함이니이다

히브리어 스물두 번째 알파벳(ת 타브)으로 시작한다.

תִּקְרַ‌ב 169

תָּבוֹא 170

תַּבַּעְנָה 171

תְּהִי 173

תָּאַבְתִּי 174

תְּחִי 175

תָּעִיתִי 176

주의 말씀대로 나를 깨닫게 하소서(169절)

랍비 라닥은 이 부분을 이렇게 해석한다. '하나님의
말씀을 실행할 수 있는 총명과 지혜를 나에게 주소서.'

169절 תִּקְרַ‌ב (티크랍; 이르게 하시고)

170절 תָּבוֹא (타보; 이르게 하시고)

두 절의 한국어 번역은 같지만, 의미가 다르다. 169절의
'티크랍'은 '가까이 오다'는 뜻이고, 170절의 '타보'는 '나를
향하여 오다'는 뜻이다.

170절 תְּחִי־נַפְשִׁי (테히 낲쉬; 나를 건지소서)

171절 תַּבַּעְנָה שְׂפָתַי תְּהִלָּה (타바아나 쓰파타이 테힐라; 내 입술이 주를 찬양하리이다)

173절 תְּהִי־יָדְךָ לְעָזְרֵנִי (테히 야드카 레오즈레니; 주의 손이 항상 나의 도움이 되게 하소서)

시인은 구원을 갈망하며 노래한다. 시인은 주의 말씀을 목자로 여기며 구원을 노래하고 있다. 즉 말씀은 우리의 목자 되신다. 말씀대로 살지 않는 것은 목자 없는 양과 같은 삶을 사는 것과 마찬가지이다.

시편 119편을 통해 신앙인의 덕목, 신앙인이 갖추어야 하는 기초에 대해 알 수 있다.

첫째, 하나님의 말씀이다. 주께서 하신 말씀이기에 소중하며 주의 율례, 법도, 율법, 규례, 계명으로 주어졌기에 신자에게는 말씀을 통한 분별과 말씀으로의 순종이 요구된다.

둘째, 사모함이다. 신자는 항상 말씀이신 여호와를 사모해야 한다.

나 곧 내 영혼은 여호와를 기다리며 나는 주의 말씀을
바라는도다 파수꾼이 아침을 기다림보다 내 영혼이 주를 더
기다리나니 참으로 파수꾼이 아침을 기다림보다 더하도다
이스라엘아 여호와를 바랄지어다 여호와께서는 인자하심과
풍성한 속량이 있음이라(시 130:5-7)

셋째, 겸손함이다.

여호와여 내 마음이 교만하지 아니하고 내 눈이 오만하지
아니하오며 내가 큰일과 감당하지 못할 놀라운 일을 하려고
힘쓰지 아니하나이다 실로 내가 내 영혼으로 고요하고
평온하게 하기를 젖 뗀 아이가 그의 어머니 품에 있음 같게
하였나니 내 영혼이 젖 뗀 아이와 같도다 이스라엘아 지금부터
영원까지 여호와를 바랄지어다(시 131:1-3)

　신자는 고난 가운데서도, 풍요로움 가운데서도 항상
교만하지 아니하고 겸손하게 여호와를 기다리고 바라야
한다.

토라와 지혜

시편 119편에서 토라에 관한 다양한 표현을
살펴보았다. 시편과 지혜의 관련성을 찾기 위해서는 시편
여행을 끝낸 후 잠언 안으로의 긴 여행을 떠나야 한다.
잠언에는 지혜에 관한 다양한 표현이 나온다. 잠언이라
번역되는 히브리어 마샬의 뜻은 '예가 되는 원칙이나
규범'이다. 다시 말해서, 잠언이 우리의 삶에 원칙이나
규범을 제공할 수 있다는 주장인 것이다. 포스트모더니즘
사회에서 잠언이 과연 어떤 효력을 미칠 수 있을지
하나하나 짚어 가보자.

잠언은 31장으로 되어 있다. 보통 한 달의 날 수가
31일임으로 하루에 한 장씩 잠언과의 여행을 떠나 보는
것도 하루를 즐겁게 지낼 수 있는 방법이다.

    1장을 살펴보자. 1절에서 6절은 전체의 서론으로
잠언서가 의도하는 바와 잠언을 실제 삶에 적용할
경우에 가져다주는 유익함을 말씀한다. 처음 구절은
이스라엘이라는 지정학적 배경과 그곳에서 살던 한 왕이
지은 것이라는 설명이 들어 있다.

> 다윗의 아들 이스라엘의 왕 솔로몬의 잠언이라(잠 1:1)

    다윗과 솔로몬의 이름이 거론되는 것으로 보아 쉽게
이 잠언을 지은 사람의 주변을 찾아볼 수 있다. 다윗은
하나님의 마음에 들어 선택된 사람으로 목동에서 왕까지
신분이 상승한 경험이 있었던 사람이다. 반면 그의
아들 솔로몬은 수많은 이복형들과 동생들과의 경쟁을
뚫고 아버지의 왕위를 계승한 사람으로 아버지의 영적
스승이었던 나단 선지자에게 신앙적 교훈을 받았다.
나중에는 히브리어로 하나님의 아신 바 된 사람이라는
뜻의 '여디디아'라는 이름과 지혜를 선물로 받아 지혜의
왕으로 알려졌다. 하지만 솔로몬처럼 처음과 끝이 달랐던
사람의 예도 보기에 드물다. 어릴 적 솔로몬은 하나님의
마음에 드는 기도로 하나님의 선대하심의 축복을 받았고,
이스라엘의 오랜 숙원사업이었던 성전을 멋지게 완성해

예루살렘을 이스라엘 민족의 구심점으로 만들었다.
그러나 말년에는 하나님의 은혜를 받아 얻게 된 지혜를
잘못 사용하여 비참한 말년을 보내었을 뿐 아니라 아들
르호보암 때에 나라가 둘로 나뉘게 되는 원인을 간접적으로
제공했다. 솔로몬은 지혜의 왕이지만 동시에 솔로몬의 후기
증후군이란 영적 병명을 후손에게 남긴 부끄러운 왕이기도
하다.

성경에는 솔로몬과 연관된 세 권의 책이 나온다.
첫째, 아가서이다. 솔로몬이 술람미 여인을 사랑한 것을
주요 내용으로 하는 사랑의 서신으로 인간을 향한 하나님의
사랑의 본보기로 많이 애독되는 책이다.
둘째, 잠언서이다. 솔로몬 영화의 절정기 또는 영적
최고 전성기에 솔로몬의 이름을 빌려 누군가에 의해 쓰여진
책이다.
셋째, 전도서이다. 이 책은 솔로몬이 왕권을 내놓고
본래의 근원으로 돌아가야 할 엄숙한 순간을 앞둔 시기를
염두에 두고 누군가가 그의 이름을 빌려 집필한 책이다.
헛되고, 헛되고, 헛되다는 말을 수없이 반복하면서
시작되는 전도서는 허무주의로 오해를 받아 이 책을 통해
어떤 복음을 말할 수 있을까 의심받으며 성경에서 오랫동안

멀리함을 경험하였다.

잠언서 여행을 떠나면서 전도서를 친구로 함께 데리고
가는 것도 좋을 듯싶다. 허무와 지혜의 만남이라고나 할까?
전도서와 잠언서의 만남에서 어떤 복음을 들을 수 있을지
기대하면서 여행을 시작해 보겠다. 솔로몬은 이 책을
묵상하고 실천하는 사람들에게 찾아오는 유익함에 대해 몇
가지로 말씀한다.

첫째, 지혜를 얻는다.

여기서 사용되는 히브리어는 '호크마'이다. 고대
근동에서 지혜는 대략 세 가지의 개념을 갖는다.

깊은 골짜기(에메쿠-아카드어, 히브리어 오멕)

분별의 지혜(비나-선과 악을 나누는 예지)

건축가의 지혜(비니얀-히브리어 의미는 건물)

이스라엘 건국의 주역인 벤구리온 수상은 누구든지
지혜를 얻으려거든 광야로 나아가라고 말하였다. 이유인즉
광야 경험은 지혜를 선물로 주기 때문이다. 여기서의
지혜는 실제적인 삶의 지혜를 의미한다.

둘째, 훈계를 얻는다.

여기서 사용되는 히브리어는 '무싸르'이다. 의미는 '훈육을 받는다'이다. 훈육의 기본은 가던 길을 멈추고 그 길에서 돌아섬을 의미한다. 훈계를 받은 후에 지혜자가 될 수 있다. 하나님께 받은 훈계는 우리에게 지혜를 가져다주며 인생의 난제를 풀어 나가게 해주어 결국 형통한 자로 변신케 한다는 것이다.

셋째, 총명의 말씀들을 헤아리게 된다.

히브리어로는 기브온 산당에서 솔로몬이 하나님께 구하던 선과 악 사이를 잘 분간하여 선택할 줄 아는 지혜를 의미한다. 우리에게 들려오는 말씀을 잘 분간하는 지혜를 뜻할 수도 있다.

넷째, 의와 공평과 정직을 배우게 된다.

잠언의 말씀을 묵상하고 인생에 적용하게 되면 의로운 삶을 살게 될 뿐 아니라 일 처리에 있어서 공정하게 되며 곧은 여수룬의 인생을 살게 된다.

다섯째, 새로운 변화의 기회가 주어진다.

어리석은 자일지라도(여기서 사용되는 히브리어 '페타임'의 의미는

쉽게 유혹을 받는, 또한 모든 것을 믿는 바보를 뜻한다) 잠언을 묵상하고
실천하면 뱀과 같은 지혜를 얻게 되며 나이 어린 자도
지식과 인생의 목적을 알게 된다.

여섯째, 지혜자는 더욱 교훈을 얻으며 총명한 자는
방향의 인도함을 받는다.

사실 우리가 가진 지혜와 총명은 한계가 있다. 잠언의
교훈을 묵상하고 실천하면 지혜와 총명이 식물처럼
자라난다.

일곱째, 잠언의 소유자는 사물을 해석할 수 있는 능력을
가지며 그 입에서는 신비로운 지혜의 말들이 쏟아져 나온다.

이쯤 되면 잠언을 어서 펴서 읽고 싶은 감정이 솟구쳐
오르게 될 것이다.

1장 7절은 "여호와를 경외하는 것이 지식의
시작"이라는 말씀으로 잠언의 문을 연다. 지금부터 우리가
풀어야 하는 숙제는 하나님을 경외한다는 것의 의미이다.

잠언의 지혜

랍비 모르데카이 자르 카보드는 잠언에 나오는 지혜를

4개로 정리하였다.

　첫째, 지성이다.
　지성을 갖고 지혜롭게 행하고 지혜롭게 재판하고
지혜롭게 나라를 다스린다.

　네 지혜대로 행하여 그의 백발이 평안히 스올에 내려가지
　못하게 하라(왕상 2:6)

　누가 주의 이 많은 백성을 재판할 수 있사오리이까 듣는
　마음을 종에게 주사 주의 백성을 재판하여 선악을 분별하게
　하옵소서 솔로몬이 이것을 구하매 그 말씀이 주의 마음에
　든지라 이에 하나님이 그에게 이르시되 네가 이것을 구하도다
　자기를 위하여 장수하기를 구하지 아니하며 부도 구하지
　아니하며 자기 원수의 생명을 멸하기도 구하지 아니하고 오직
　송사를 듣고 분별하는 지혜를 구하였으니 내가 네 말대로
　하여 네게 지혜롭고 총명한 마음을 주노니 네 앞에도 너와
　같은 자가 없었거니와 네 뒤에도 너와 같은 자가 일어남이
　없으리라(왕상 3:9-12)

　온 이스라엘이 왕이 심리하여 판결함을 듣고 왕을

두려워하였으니 이는 하나님의 지혜가 그의 속에 있어

판결함을 봄이더라(왕상 3:28)

이제 바로께서는 명철하고 지혜 있는 사람을 택하여 애굽 땅을

다스리게 하시고(창 41:33)

요셉에게 이르되 하나님이 이 모든 것을 네게 보이셨으니 너와

같이 명철하고 지혜 있는 자가 없도다(창 41:39)

둘째, 재능이다.

성막과 관련된 일을 한다.

너는 무릇 마음에 지혜 있는 모든 자 곧 내가 지혜로운 영으로

채운 자들에게 말하여 아론의 옷을 지어 그를 거룩하게 하여

내게 제사장 직분을 행하게 하라(출 28:3)

여호와께서 모세에게 말씀하여 이르시되 내가 유다 지파 훌의

손자요 우리의 아들인 브살렐을 지명하여 부르고 하나님의

영을 그에게 충만하게 하여 지혜와 총명과 지식과 여러 가지

재주로 정교한 일을 연구하여 금과 은과 놋으로 만들게 하며

보석을 깎아 물리며 여러 가지 기술로 나무를 새겨 만들게

하리라 내가 또 단 지파 아히사막의 아들 오홀리압을 세워
그와 함께 하게 하며 지혜로운 마음이 있는 모든 자에게
내가 지혜를 주어 그들이 내가 네게 명령한 것을 다 만들게
할지니(출 31:1-6)

모세가 이스라엘 자손에게 이르되 볼지어다 여호와께서
유다 지파 훌의 손자요 우리의 아들인 브살렐을 지명하여
부르시고 하나님의 영을 그에게 충만하게 하여 지혜와 총명과
지식으로 여러 가지 일을 하게 하시되 금과 은과 놋으로
제작하는 기술을 고안하게 하시며 보석을 깎아 물리며
나무를 새기는 여러 가지 정교한 일을 하게 하셨고 또 그와
단 지파 아히사막의 아들 오홀리압을 감동시키사 가르치게
하시며 지혜로운 마음을 그들에게 충만하게 하사 여러 가지
일을 하게 하시되 조각하는 일과 세공하는 일과 청색 자색
홍색 실과 가는 베 실로 수 놓는 일과 짜는 일과 그 외에 여러
가지 일을 하게 하시고 정교한 일을 고안하게 하셨느니라
브살렐과 오홀리압과 및 마음이 지혜로운 사람 곧 여호와께서
지혜와 총명을 부으사 성소에 쓸 모든 일을 할 줄 알게
하신 자들은 모두 여호와께서 명령하신 대로 할 것이니라
모세가 브살렐과 오홀리압과 및 마음이 지혜로운 사람 곧
그 마음에 여호와께로부터 지혜를 얻고 와서 그 일을 하려고

마음에 원하는 모든 자를 부르매 그들이 이스라엘 자손의
성소의 모든 것을 만들기 위하여 가져온 예물을 모세에게서
받으니라 그러나 백성이 아침마다 자원하는 예물을 연하여
가져왔으므로 성소의 모든 일을 하는 지혜로운 자들이 각기
하는 일을 중지하고 와서 모세에게 말하여 이르되 백성이 너무
많이 가져오므로 여호와께서 명령하신 일에 쓰기에 남음이
있나이다 모세가 명령을 내리매 그들이 진중에 공포하여
이르되 남녀를 막론하고 성소에 드릴 예물을 다시 만들지 말라
하매 백성이 가져오기를 그치니 있는 재료가 모든 일을 하기에
넉넉하여 남음이 있었더라 일하는 사람 중에 마음이 지혜로운
모든 사람이 열 폭 휘장으로 성막을 지었으니 곧 가늘게 꼰
베실과 청색 자색 홍색 실로 그룹들을 무늬 놓아 짜서 지은
것이라(출 35:30-36:8)

셋째, 토라와 훈육의 지혜이다.

하나님과 사람 앞에서 선한 것과 아름다운 것을 행할
것을 가르치신다.

여호와를 경외하는 것이 지혜의 근본이요 거룩하신 자를 아는
것이 명철이니라(잠 9:10)

여호와를 경외함이 지혜의 근본이라 그의 계명을 지키는 자는
다 훌륭한 지각을 가진 자이니 여호와를 찬양함이 영원히
계속되리로다(시 111:10)

또 사람에게 말씀하셨도다 보라 주를 경외함이 지혜요 악을
떠남이 명철이니라(욥 28:28)

내가 나의 하나님 여호와께서 명령하신 대로 규례와 법도를
너희에게 가르쳤나니 이는 너희가 들어가서 기업으로 차지할
땅에서 그대로 행하게 하려 함인즉 너희는 지켜 행하라 이것이
여러 민족 앞에서 너희의 지혜요 너희의 지식이라 그들이 이
모든 규례를 듣고 이르기를 이 큰 나라 사람은 과연 지혜와
지식이 있는 백성이로다 하리라(신 4:5-6)

넷째, 하나님의 지혜이다.
창조의 능력과 창조주의 예술가로서의 도구이다.

여호와께서 그 조화의 시작 곧 태초에 일하시기 전에 나를
가지셨으며 만세 전부터, 태초부터, 땅이 생기기 전부터 내가
세움을 받았나니 아직 바다가 생기지 아니하였고 큰 샘들이
있기 전에 내가 이미 났으며 산이 세워지기 전에, 언덕이

생기기 전에 내가 이미 났으니 하나님이 아직 땅도, 들도, 세상 진토의 근원도 짓지 아니하셨을 때에라 그가 하늘을 지으시며 궁창을 해면에 두르실 때에 내가 거기 있었고 그가 위로 구름 하늘을 견고하게 하시며 바다의 샘들을 힘 있게 하시며 바다의 한계를 정하여 물이 명령을 거스르지 못하게 하시며 또 땅의 기초를 정하실 때에 내가 그 곁에 있어서 창조자가 되어 날마다 그의 기뻐하신 바가 되었으며 항상 그 앞에서 즐거워하였으며 사람이 거처할 땅에서 즐거워하며 인자들을 기뻐하였느니라(잠 8:22-31)

그런즉 지혜는 어디서 오며 명철이 머무는 곳은 어디인고 모든 생물의 눈에 숨겨졌고 공중의 새에게 가려졌으며 멸망과 사망도 이르기를 우리가 귀로 그 소문은 들었다 하느니라 하나님이 그 길을 아시며 있는 곳을 아시나니(욥 28:20-23)

이르앗 아도나이(여호와를 경외함)

여호와를 경외하는 것이 지식의 근본이거늘 미련한 자는 지혜와 훈계를 멸시하느니라(잠 1:7)

경외한다는 히브리어 동사는 '야레'이다. 의미는

'놀람'과 '경이로움'이다. 하나님을 경외한다는 말의 뜻은
'하나님에 대한 놀라움과 경이로운 감정을 가진다'는
것이다. 어린아이가 세상에 태어났을 때 토하는 첫 감정
표현은 울음이다. 사실 그 울음소리가 '야, 이제 태어났구나'란
의미의 환호성인지 아니면 '이 힘든 세상 살아갈 것을
생각하니 두려움이 앞서네'란 의미인지는 알기 어렵다.

신앙생활의 출발은 하나님을 만나면서 시작된다.
공간과 시간을 초월해 계신 나와 질적으로 다른 분과의
대면은 우리의 존재를 뒤흔드는 놀라움이다. 아니
두려움이다. 하나님의 임재 앞에 견딜 수 있는 사람은
아무도 없다. 그래서 인간은 신과의 대면을 두려워한
나머지 신들의 형상을 만들었는지 모른다. 적어도
우리가 늘 만지고 느낄 수 있는 형상으로 진짜 신과의
대면 즉 실존의 위기를 모면해 보려고 한다. 그만큼
우리와 질적으로 다른 분과의 직면은 일생일대의 중요한
위기의식을 불러일으킨다.

갑자기 귀한 손님이 집을 방문한다는 연락이 왔다고
가정해 보자. 어떤 일이 일어날까? 아마 손님 맞을 준비를
할 것이다. 집을 청소하고 가구 배치를 다시 하고 향수를
구석구석 뿌리고 눈에 성가신 것들은 모두 헛간에 집어넣고

가급적 귀한 손님 모시는 데 부끄러워 보이는 부분들을
가리려고 할 것이다.

세상을 창조하신 주님이 오늘 우리를 만나러 오신다면
여러분의 준비 상황은 어떠한가. 아직 준비가 되지
않았는가? 그럼에도 불구하고 나를 만나러 오신다면
거절할 것인가? 하늘에 전화를 걸어 수호천사에게 아직
준비가 덜 되었으니 오시는 것을 내년으로 미뤄 달라고
말하겠는가?

하나님과의 대면은 우리를 부산하게 만드는 것 이상의
의미가 있다. 내가 곧 만나게 될 분은 모든 것을 가능하게
하실 수 있는 분이다. 영어로 Impossible이란 단어에
따옴표 하나를 첨가하면 I'm possible이 된다. 그분을
만나기 전에 우리는 "불가능해"라고 말하지만 우리가
만나는 그분은 우리에게 그것은 문제가 되지 않는다고
말씀하신다. 진짜 그러할까? 여기서 우리의 믿음이
요구된다.

준비가 아직 덜 되었어도 걱정할 필요가 없다. 주님이
내 마음의 문지방을 넘으시는 순간 모든 것이 변화되기
시작한다. 정리되지 않은 모든 것이 정돈되기 시작한다.
퀴퀴한 냄새들이 향기로운 냄새로 바뀌게 된다. 식탁이
정돈되지 않았는데 어디선가 공급된 하늘 식탁이 대신한다.

음악도 들리고 갑자기 이상한 나라에 온 엘리스 같은 기분이 든다. 준비가 안 되었어도 그분은 그것을 문제 삼지 않으신다. 그냥 있는 그대로를 인정하고 문을 활짝 열기만 하면 된다. 그럴 용기조차 없다면 잡고 있는 문고리를 살짝 놓아두기만 하면 된다.

잠언과의 여행을 떠나면서 처음 가지게 되는 설렘은 하나님께 대한 궁금증이다. 어떤 분일까? 꾸짖으실까? 아니면 안아 주실까? 경이로움과 두려움의 감정을 지닌 채 잠언으로의 여행을 떠나 보자.

조성욱의 시편 여행

Walking with the Psalms 107~119

지은이 조성욱
펴낸곳 주식회사 홍성사
펴낸이 정애주
국효숙 김의연 박혜란 손상범
송민규 오민택 임영주 차길환

2024. 10. 29. 초판 1쇄 인쇄   2024. 11. 8. 초판 1쇄 발행

등록번호 제1-499호 1977. 8. 1.
주소 (04084) 서울시 마포구 양화진4길 3   전화 02) 333-5161   팩스 02) 333-5165
홈페이지 hongsungsa.com   이메일 hsbooks@hongsungsa.com
페이스북 facebook.com/hongsungsa
양화진책방 02) 333-5161

ISBN 978-89-365-1587-4 (03230)